von oben nach unten:
– *Herbstlaub in der Nähe von Greenleaf Hut, New Hampshire*
– *Gedeckte Brücke über den Kanal, Franconia Notch, New Hampshire*
– *Föhren bei North Conway, New Hampshire*
– *Blütenstaub in Myles Standish Forest, Massachusetts*
– *Frühlingsabend in Boothbay Harbour, Maine*
– *Herbst in White Mountains, New Hampshire*
– *Lebensqualität, wie es das Herz begehrt. Vermont*
– *Allagash-Wildnis an einem Herbsttag im Regen. Maine*

vorhergehende Doppelseite:
Morgen im Frühherbst: Blick von den Ludlow Mountains, Vermont

NEUENGLAND

Eine der ersten Eisenbahnen der USA. Aktie der 1835 gegründeten Gesellschaft, die in den Neuenglandstaaten New Hampshire, Massachusetts und Maine ein Streckennetz von 3000 Kilometern befuhr

Umschlaggestaltung: Wolfgang Heinzel
Lektorat: Daniela Hügi
1996 by Reich Verlag AG/terra magica Luzern/Switzerland
Alle Rechte vorbehalten
Printed in Germany/EU
ISBN 3-7243-0316-5

Die Schwarzweiß-Abbildungen verdanken wir
der Zentralbibliothek Luzern, der Schweizerischen Landesbibliothek und Lion's Art.

Terra magica ist seit 1948 eine international geschützte Handelsmarke und ein eingetragenes Warenzeichen des Reich Verlags AG.

Das Bild auf der vorhergehenden Seite zeigt die Mayflower, die die Pilgerväter vom 16.9. bis 21.11 1620 nach Neuengland brachte (Archiv für Kunst und Geschichte, Berlin).

U S A:
NEUENGLAND

MASSACHUSETTS · RHODE ISLAND
CONNECTICUT · VERMONT
NEW HAMPSHIRE · MAINE

FOTOS:
MAX SCHMID
TEXT:
RAINER HÖH

terra magica

Reich Verlag

Inhalt

Willkommen in Neuengland! John Smith, Gründer

Die Geschichte beginnt nicht erst mit der Mayflower 6
- Die ersten Amerikaner 8
- Erste Wirtschaftskrise durch Klimaänderung 25
- Die Algonkin-Indianer 26
- Die Irokesen 27
- Entdecker und Forscher 28
- Englische Kolonien 29
- Die Pilgerväter 30
- Die Puritaner 36
- Indianerkriege 39
- Die Hexen von Salem 57
- Das Erbe der Puritaner 58
- Holländisches Intermezzo in Neu-Amsterdam 59
- Der Weg in die Unabhängigkeit 62
- Der Weg in die Einheit 67
- Wirtschaft: Wale, Sklaven, Fisch und Rum 68
- «Da bläst er!» 68
- Schiffsbau, Seehandel und Dreiecksgeschäfte 70
- Yankee Ingenuity und Versicherungen 71
- Die industrielle Revolution 89
- Niedergang und Neubeginn im 20. Jahrhundert 91

Massachusetts – Amerikas puritanisches Herzstück und Rückgrat 92
- Boston 92
- Mittelpunkt des Universums 93
- Die Irish Connection 94

– Kühe als Stadtplaner und Prunkviertel aus dem Nichts	95
– Der Freedom Trail	97
– Plimoth Plantation – ein Ausflug ins 17. Jahrhundert	98
– Cape Cod – die Sommerfrische Neuenglands	100
– Nantucket und Martha's Vineyard – die exklusiven Inseln der Millionäre	102
– Lexington und Concord – die Straße der Freiheit	104
– Die Berkshires – wo Natur und Kunst zusammengefunden haben	129
– Zeittafel Massachusetts	131
Rhode Island – Amerikas Kleinster trotz drei Dutzend Inseln	**133**
– Newport – Spielplatz der Dollar-Milliardäre	133
– Zeittafel Rhode Island	135
Connecticut – wo der Hamburger erfunden wurde	**136**
– Home of the Yankees	136
– Kontraste: rußige Mauern, heilige Hallen und Fastfood-Kultur	137
– Hartford: Feuerwaffen und Lebensversicherungen	138
– Litchfield Hills – das Neuengland der Postkartenidylle	140
– Flammende Wälder – das Geheimnis der Herbstfärbung	141
– Mystic Seaport – Zeitreise an Bord eines Walfängers	142
– Zeittafel Connecticut	143
Vermont – seit jeher Amerikas Fortschrittlichster	**144**
– Green Mountains und Rockefeller's Woodstock	162
– Stowe – das amerikanische Alpenstädtchen	163
– Wenn Geld keine Rolle spielt – Shelburne Farm und Museum	165
– Zeittafel Vermont	166
New Hampshire – Amerikas Einziger ohne Einkommenssteuer	**167**
– Die White Mountains – Bergwildnis und Jahrmarkts-Klamauk	168
– Gipfel der Extreme: Mt. Washington	170
– Zeittafel New Hampshire	171
Maine – wilde Küsten, Berge und neunzig Prozent Wald	**173**
– Die Küste: Badestrände und Hummerfischer	175
– Acadia-Nationalpark und der «Ferne Osten»	193
– Wildnis und Kartoffeläcker: das Landesinnere	194
– Zeittafel Maine	195
Karte	**196**
Reise-Informationen	**200**

Die Geschichte beginnt nicht erst mit der Mayflower

«Die Küste in unglaublich reich an nahezu allen Fischarten, an Enten und Gänsen sowie an allerlei köstlichem Obst und Beeren. Kaum eine Bucht, in der man nicht Muscheln und Hummer im Überfluß findet, so daß man sie nur bei Ebbe aufsammeln muß. Und ich, der alle vier Erdteile, die bislang nicht bewohnt sind, selbst gesehen hat, ich würde mich sofort hier niederlassen und zwar lieber als anderswo», so berichtet John Smith von den fernen Gestaden Amerikas. Und er muß es wissen, denn das Land, das er so schwärmerisch schildert, hat er 1614 als erster Europäer erforscht und kartographiert. Er hat durch seine begeisterten Berichte die ersten Siedler in dieses Land gelockt, die auf der «Mayflower» ankamen und heute «Pilgerväter» genannt werden. Und er hat ihm seinen Namen gegeben: Neuengland.

Dieses Neuengland liegt zwischen der Atlantikküste und dem Staat New York und wird im Norden von Kanada, im Süden vom Moloch New York City begrenzt. Es besteht aus den sechs Staaten Massachusetts, Connecitcut, Rhode Island, Vermont, New Hampshire und Maine, die zusammengenommen etwa die Fläche der alten Bundesrepublik ohne Bayern umfassen – also nicht einmal halb so groß wie Montana sind. Doch so winzig sie im amerikanischen Vergleich erscheinen mögen, so sind sie doch groß genug, um einige der namhaftesten Universitäten des Landes, eine seiner wichtigsten Metropolen und erstaunlich viel unberührte Natur zu beherbergen. Von ihrer historischen Bedeutung für die gesamten USA ganz zu schweigen.

Die so «unamerikanisch» kleinen Staaten liegen im nordöstlichsten Zipfel der Union und damit vom ganzen großen Land der unbegrenzten Möglichkeiten dem alten Europa am nächsten. Nicht nur geographisch. Nein, diese Nähe zur Alten Welt zeigt sich in nahezu allen Aspekten des kulturellen und alltäglichen Lebens, und in mancher Hinsicht sind die bodenständigen und wortkargen Neuengländer den Europäern vielleicht ähnlicher als ihren Landsleuten in Texas oder Kalifornien. Als «idealer Einstieg in die Neue Welt» wird Neuengland daher in fast jedem Reiseführer bezeichnet. Es ist nicht das Amerika der Klischees, nicht das weite Land der Superlative, kein leichtlebiges Paradies wie Kalifornien und kein sonnenverwöhntes Urlaubsland wie Florida.

Schon der Name klingt so, als hätte man es lediglich mit einer etwas modernisierten Version von «good old England» zu tun – mit der vertrauten Alten Welt also. Und tatsächlich: So neu alles einmal gewesen sein mag, dem Europäer erscheint hier vieles wohlbekannt und durch das Festhalten an alten Traditionen geradezu anheimelnd. Trotzdem – oder gerade deshalb – ist dieses Neuengland jener Winkel der großen USA, der wie kein zweiter dazu geeignet ist, die Augen zu öffnen und ganz Amerika verstehen zu lernen. Denn Neuengland ist die Keimzelle der mächtigen Nation. Hier liegen ihre Wurzeln, auf die sie sich gründet und aus denen sie die Kraft zieht, um andernorts Blüten und Früchte zu treiben. Wer Amerika verstehen will, der kommt an Neuengland nicht vorbei!

HISTORISCH GEWACHSENE, KULTURELLE EINHEIT

LEBENDIG, KRAFTVOLL, ÜBERRASCHEND UND EUROPÄERN VERTRAUT

Der Mythos beginnt mit der Mayflower und den Pilgervätern, die den heutigen Amerikanern – zumindest den Weißen unter ihnen – bei aller Völkervielfalt eine nationale Identität gegeben haben. Die Pilgrims und Puritaner waren es auch, denen Amerika den kraftvollen Mythos von «Freiheit und Demokratie» verdankt. Und hier in Neuengland begann der große Unabhängigkeitskrieg. Hier wurden die auslösenden Schüsse abgefeuert und entscheidende Schlachten geschlagen. Hier findet man die wohlgepflegten Gedenkstätten der Revolution. Hier steht für jeden Amerikaner die glorreiche Wiege der Freiheit.

Neuengland ist kein politisches Gebilde, sondern eine historisch gewachsene, kulturelle Einheit aus sechs durchaus unterschiedlichen Staaten. Jeder von ihnen pflegt stolz und dickschädelig seine Eigenheiten und sonnt sich in der wohltuenden Gewißheit, den anderen fünf weit überlegen zu sein. Doch trotz aller Unterschiede empfinden die Neuengland-Yankees eine tiefe Zusammengehörigkeit, bedingt durch Ähnlichkeiten in Kultur, Landschaft, Klima, Lebensweise und Gebräuchen – insbesondere jedoch durch die gemeinsame kolonialzeitliche Vergangenheit. Sie sind die wahren *Yankees*, in einem höchst positiven und selbstbewußten Sinne. Für den Rest der Welt mögen alle Amerikaner schlechthin als Yankees gelten; für die Amerikaner sind es nur die Nordstaatler, für die Nordstaatler aber nur die Neuengländer. Sie haben den US-Amerikanern ihr Identitätsgefühl geschenkt; aber sie haben genügend davon für sich behalten, daß es für eine eigene, kleine Nation ausreichen würde.

Wer auszieht, um das Amerika der Klischees und Vorurteile kennenzulernen, wer «amerikanische» Dimensionen und endlose Weite erwartet, urbane Superlative und himmelstürmende Architektur oder laute, schulterklopfende Direktheit und den «American Way of Life», der wird von Neuengland sicher enttäuscht sein und sollte lieber zu Hause bleiben. Wer aber das Reisen als eine Chance sieht, um Neues zu entdecken und um Vorurteile zu überwinden, wer reist, um zu verstehen und um den Wurzeln seines Reiselandes nachzuspüren, der sollte nicht länger zögern und nach Neuengland fliegen.

Er wird ein lebendiges, kraftvolles Land kennenlernen, ein Land voller Überraschungen und nicht minder überraschender Vertrautheiten: alte Städte mit reicher Kultur, die wie eine Mischung aus Europa und Amerika anmuten, bizarre Felsenküsten und blitzsaubere Bilderbuchdörfer mit weißen Holzhäusern und Kirchlein, Sandstrände und Badeorte, wie man sie nahe der kanadischen Grenze sicher nicht erwartet hätte; Wintersportzentren, das sprühende Feuerwerk des Indian Summer und schier endlose Wanderpfade, eine Vielfalt an historischen Schauplätzen und Gedenkstätten, kulinarische Genüsse wie Clam Chowder und Hummer aus Maine, kolonialzeitliche Architektur in Städtchen voller Ruhe und Beschaulichkeit, moderne Forschungsstätten, die mit dem kalifornischen Silicon Valley konkurrieren, neben alten Universitäten mit klangvollen Namen – und wenige Kilometer weiter gelangt man plötzlich in Berggebiete, Waldwildnis und so urwüchsige Natur, daß man glaubt, nach Alaska verschlagen worden zu sein. Das alles ist Neuengland. Das alles und noch mehr. Ein kleiner aber wahrhaft erstaunlicher und sehenswerter Winkel der großen USA.

DEUTSCHER SAGT ALS ERSTER AMERIKA

INDIANER ABKÖMMLINGE ISRAELS, SAGTE DIE KIRCHE

Die ersten Amerikaner

Woher kamen die ersten Amerikaner? Für Christoph Kolumbus hat sich das Problem nie gestellt. Als er im Oktober des Jahres 1492 nach seiner Atlantiküberquerung auf Land stieß, da hatte er nach seinem Verständnis nicht Amerika entdeckt, sondern die Westroute nach Asien. Er glaubte, die japanischen Inseln betreten zu haben und rechnete das Land zu Hinterindien, weshalb er die Inseln «Westindische» nannte und ihre Bewohner «Indianer». Mit den Begriffen «Amerika» und «Amerikaner» hätte der Entdecker nichts anzufangen gewußt. Er starb 1506 nach drei weiteren Reisen, ohne je zu erfahren, daß er eine «neue Welt» (wieder)entdeckt hatte. Nach dem damaligen Weltbild konnte es nur drei Erdteile geben, die der göttlichen Dreifaltigkeit entsprachen.

Doch unmittelbar nach seinem Tod geriet dieses Weltbild ins Wanken, als Geographen und Kartenzeichner, Professoren und Kardinäle plötzlich begriffen: Was der Genuese im spanischen Auftrag entdeckt hatte, war ein völlig neuer Kontinent!

Eine neue Welt! Der deutsche Humanist Waldseemüller nannte sie in seiner Kosmographie 1507 erstmals «Amerika» – zu Ehren des italienischen Seefahrers Amerigo Vespucci, der als einer der ersten erkannt hatte, daß dieses angebliche Westindien ein eigener Kontinent sein mußte.

Da waren sie, die rätselhaften «Amerikaner». Als bedeute ein neuer Kontinent nicht Konfusion genug, stellte sich nun auch noch die Frage nach ihrer Herkunft. In der Bibel nämlich kamen die Amerikaner nirgends vor, und eine zweite Schöpfung in Übersee anzunehmen, das wäre eine gar zu unerhörte Ketzerei gewesen. Also half man sich vorerst aus dem Dilemma, indem man sie gar nicht zur menschlichen Rasse rechnete.

Doch im Jahre 1512 erklärte Papst Julius II. ex cathedra, daß die Indianer aus Leib und Seele bestehen und daher Abkömmlinge von Adam und Eva seien. Als solche mußten sie aus dem Garten Eden der Alten Welt gekommen sein, und sogleich begannen wilde Vermutungen und Spekulationen darüber, wann und auf welchem Wege es sie in die Neue Welt verschlagen hatte.

Die Kirche löste das Problem mit der Erklärung, die Indianer seien die Nachkommen der «Zehn verlorenen Stämme Israels», die seit der Eroberung Babylons verschollen waren. Eine These, die später zur Glaubensgrundlage der Mormonen werden sollte und die – ungeachtet der beträchtlichen Transportprobleme zwischen Chaldäa und Westindien – bis heute ihre Verfechter hat. Der puritanische Theologe Cotton Mather in Neuengland erklärte später sogar, die Indianer seien vom Teufel persönlich dorthin gebracht worden. Eine überaus praktische Auslegung, gestattete sie es den Puritanern doch, mit dieser «Teufelsbrut» ganz nach Belieben umzuspringen und dabei immer im Sinne Gottes zu handeln!

Daneben trieben und treiben die Spekulationen bis heute immer neue Blüten: Sie führen die Herkunft der Indianer und ihre Kultur auf Skythen, Kelten und Karthager zurück, auf Assyrer und Ägypter, auf Wikinger und Iren, Polynesier und Chinesen. Selbst das versunkene Atlantis und trojanische Flüchtlinge hat man schon bemüht.

Textfortsetzung S. 25

Einer der Anziehungspunkte im maritimen Maine: Leuchtturm Pemaquid Point

Aufgehende Sonne über Frenchman Bay östlich vom Acadia-Nationalpark

Sommerabend nach einer abziehenden Gewitterfront bei Flagstaff Lake, Stratton, Maine

Sandy Creek Pond mit Mount Katahdin, höchster Berg in Maine: 1 600 Meter

Aussicht vom Cadillac Mountain, Acadia-Nationalpark, einst französisches Kolonialgebiet, bevor es englisch und dann amerikanisch wurde

terra magica 11

Hummerfallen im kleinen Fischernest Friendship, Maine. Hummer steht zuoberst auf der kulinarischen Liste

Treibholz am Ufer von Twin Lake bei Norcross, Maine

Moosehead Lake: blaue Stunde am Rande von Neuenglands «Outback», Maine

Molen, Hummerfallen und idyllische Häfen – ein allgegenwärtiger Anblick an Maines zerklüfteter Küste

Flechten, Heide und blauer Fels bei Blue Hill, Maine

Landschaft am Hale Pond südlich des Baxter State Parks, wo Zivilisationsmüde Natur pur vorfinden (Maine)

nächste Doppelseite
Eine von vielen Wildwasser-Szenerien im Norden Maines.

übernächste Doppelseite:
Von eiszeitlichen Gletschern geprägte Felslandschaft auf dem Cadillac Mountain, Acadia-Nationalpark, Maine

Wenig erstrebenswertes Ende aus der Sicht dieser Hummer, die sich in dieser Kocherei bei Trenton, Maine, zur Delikatesse verwandeln lassen muß

von oben nach unten:
– Hommage an Maines unverfälschte Natur
– Die Wälder, Maines Wirtschaftspotential
– Ist zu hoffen, daß es gelingt ...
– Moby Dicks Geschichte hinterläßt Spuren (Maine)
– Windjammers zuhauf m Hafen von Camden, Maine
– Der Herbst, eine unsichere Zeit für gehörnte Vier-, vielleicht auch Zweibeiner
– Greenville, Moosehead Lake, Maine
– Geschrumpfte Welt im westlichen Maine

terra magica 21

Herbstlicher Morgen in Baxter State Park, Maine

Moosehead Lake, ein Anziehungspunkt für Freiluftenthusiasten (Maine)

Ein Sonnenaufgang spiegelt sich in den Küstenfelsen von Pemaquid, Maine

Strandrinnsale im Acadia-Nationalpark, Maine

Am Mount Katahdin beginnt der berühmte Appalachian Trail, der Kilometer weiter südlich in Georgia endet. Ein rundes halbes Jahr brauchen unentwegte Wanderbeflissene, um ihn in voller Länge abzuschreiten (Maine)

Erste Wirtschaftskrise durch Klimaänderung

Die nordöstliche Küste – das heutige Gebiet Neuenglands – müssen sie vor etwa 10 000 Jahren erreicht haben, zu einer Zeit also, als Amerika von seiner ersten großen klimatischen Krise heimgesucht wurde.

Das Klima erwärmte sich, die Eiskappe schmolz, aber es wurde auch trockener und die Vegetation dadurch spärlicher. Durch diese Veränderungen – und möglicherweise auch durch zu erfolgreiche Jagd – starben weit über hundert Arten von Säugetieren aus, darunter Mammut und Mastodon, mehrere Bisonarten, Riesenfaultier, Pferd und Kamel, die bis dahin die Lebensgrundlage der ersten Amerikaner dargestellt hatten.

Damit war die amerikanische Kultur der Großwildjagd zu Ende, und jeder mußte sich seine eigene Nische suchen. Die Jäger in den Waldgebieten an den großen Seen und im heutigen Neuengland ergänzten ihre Beute durch Kleintiere, entwickelten neue Jagdmethoden und erfanden Pfeil und Bogen. An der Küste lernte man, aus Baumstämmen oder aus Fellen Boote zu bauen, Harpunen und Netze herzustellen und die Nahrungsfülle des Meeres zu nutzen.

Bei Boston hat man die Überreste eines rund 4000 Jahre alten, riesigen Fischwehrs gefunden, das eine Fläche von etwa 40 x 200 Meter abriegelte. Im heutigen Bundesstaat New York entwickelte sich um die gleiche Zeit – also relativ früh – die erste archaische Kulturstufe, die Lamoka-Kultur, die bald von der aus den nördlichen Wäldern stammenden Laurentischen Kultur abgelöst wurde. An den oberen Großen Seen hatte sich bereits vor etwa 5000 Jahren die bis heute rätselhafte Alte Kupferkultur herausgebildet, die aus in reiner Form gefundenen Kupferklumpen Werkzeuge und Waffen hämmerte und damit eine der ältesten Metallkulturen der Welt darstellt. Allerdings waren Heißschmieden, Gießen und Legierungen unbekannt. Um 600 v.Chr. dehnte sich die Hopewell-Kultur von Westen her zum heutigen New York aus. Sie basierte vor allem auf einem blühenden Handel sowie der Weiterentwicklung der kalten Metallverarbeitung und stellt einen im ganzen östlichen Nordamerika nicht wieder erreichten Höhepunkt dar.

Aus ihr sollen u.a. die Irokesen hervorgegangen sein. Im ersten Jahrtausend unserer Zeitrechnung entwickelte sich im heutigen Neuengland – vermutlich durch Einflüsse aus Mittelamerika – der Ackerbau mit Anpflanzungen von Mais, Kürbissen und Bohnen.

Dann tauchten die ersten Europäer an der amerikanischen Küste auf: die Wikinger. Sie erreichten zumindest die Nordküste Neufundlands – manche glauben, sie seien bis zum heutigen Rhode Island vorgestoßen – und kamen mit Eingeborenen in Kontakt, die sie «Skraellinger» nannten und als klein, mißgestaltet und häßlich beschrieben. Man ist sich nicht schlüssig, ob diese Skraellinger Eskimos waren, die damals die Nordküste Neufundlands besiedelten, oder Beothuk-Indianer aus dem Inselinneren. Das Gastspiel der Wikinger war jedoch nur von kurzer Dauer. Es hatte weder für Amerika noch für Europa bleibende Auswirkungen und geriet bald wieder in Vergessenheit.

Die Algonkin-Indianer

Die Ureinwohner, denen die ersten Erforscher und Siedler an den Küsten Neuenglands begegneten, gehörten zur Sprachfamilie der Algonkin (oder Algonquin), die zahlreiche verschiedene Stämme umfaßte. Sie waren ursprünglich in den riesigen Waldgebieten nördlich der Großen Seen zu Hause und haben erst im 14. und 15. Jahrhundert die Wälder Neuenglands besiedelt. Um 1500 sollen etwa 100 000 Indianer dort gelebt haben, die sich vom Ackerbau (insbesondere Mais, aber auch Bohnen, Kürbisse und Sonnenblumen), von der Jagd und vom Fischfang ernährten. Sie errichteten Langhäuser aus Rinde, bauten Einbäume und ausgedehnte Reusen. Oberhaupt eines Stammes war der «Sachem», ein Häuptling, der mehrere Ratgeber und Unterhäuptlinge zur Seite hatte.

Im Gegensatz zu den weiter westlich (u.a. im heutigen Staat New York) lebenden Irokesen bildeten die Algonkin jedoch kein einheitliches Gemeinwesen, sondern gliederten sich in mindestens ein Dutzend unabhängige Stämme. Zu den größten und mächtigsten gehörten die Narragansetts von Rhode Island und Connecticut, die Pequots in Connecticut, die Massachusetts in der nach ihnen benannten Region und die Wampanoag an der Narragansett-Bucht. Im heutigen Maine und Vermont lebten die Abnaki (oder Wabenake), die amerikanischen «Morgenländer» (people of the dawn), und im heutigen New Hamsphire die Pennacook. Weiterhin gab es eine Anzahl kleinerer Stämme, die manchmal nicht mehr als hundert Mitglieder zählten, wie etwa die Nauset auf Cape Cod, die Nipmuc, Penobscot und Patuxet. Wo immer im Laufe ihrer Entdeckungen und Eroberungen Europäer auf andere Völker trafen, da nahm es für diese meist kein gutes Ende. Manche wurden rasch besiegt und vernichtet, andere christianisiert und allmählich zugrunde gerichtet. Von den Stämmen Neuenglands wurden manche dezimiert oder völlig ausgerottet, noch bevor sie überhaupt einen Weißen zu Gesicht bekommen hatten. Der Tod aus Europa warf seine Schatten weit voraus. Händler und Fischer hatten europäische Krankheiten an die Küste gebracht, die es in Amerika zuvor nie gegeben hatte und gegen die die Indianer folglich keine Abwehrkräfte besaßen! Pest, Pocken und Tuberkulose verbreiteten sich von Stamm zu Stamm. Schon um 1600 waren etwa drei Viertel der Algonkins in Neuengland ausgelöscht. Als die Pilgerväter um 1620 ankamen, fanden sie die Äcker der Patuxet brachliegend, die Dörfer voller Skelette und das Volk bis auf die letzte Seele ausgestorben.

Dennoch begegneten die meisten Stämme den ersten Siedlern freundschaftlich. Sie versorgten sie mit Nahrung und Saatgut und lehrten sie den Anbau von Mais und Bohnen. Viele Neuankömmlinge haben nur dank indianischer Hilfe die ersten Winter überlebt. Bald jedoch merkten die Indianer, welche Schlange sie genährt hatten. Die Weißen wurden immer rücksichtsloser, stießen immer weiter vor und verdrängten die Algonkin aus ihren angestammten Gebieten.

Als sich die Indianer um 1636/37 erstmals gegen die Weißen erhoben, wäre fast jeder Stamm fähig gewesen, die Eindringlinge zu besiegen. Auch in den Indianerkriegen von 1675/76 wären die Weißen auf sich allein gestellt wahr-

STAMMVERBAND DER FÜNF NATIONEN — MATRIARCHAT!

scheinlich unterlegen. Doch die Algonkin Neuenglands waren nicht nur in einzelne Stämme zersplittert, sondern lagen auch untereinander ständig im Krieg. Sie bekämpften einander oft mit äußerster Grausamkeit, marterten ihre Gefangenen und verspeisten sie schließlich. Der Nachbar war der «natürliche» Feind; der Nachbar des Nachbarn demzufolge der «natürliche» Verbündete. So kämpften die Indianer in wechselnder Besetzung an der Seite der Weißen und vernichteten einander gegenseitig, während die Eindringlinge in der Rolle des lachenden Dritten davon profitierten.

Die Irokesen

Von ganz anderer Art waren die Irokesen, deren Siedlungen weiter landeinwärts im heutigen Staat New York lagen. Sie hatten sich, von Süden kommend, wie ein Keil zwischen die Algonkin geschoben. Solchermaßen von Feinden umgeben, mußten die Irokesenstämme ein Bündnis schließen oder zumindest untereinander Frieden halten, um überleben zu können. Nach endlosen Fehden und Selbstzerfleischungen gelang es dem Mohawk-Häuptling Hiawatha (der durch das gleichnamige Versepos des in Maine geborenen Dichters Henry Wadsworth Longfellow unsterblich geworden ist) um 1570 nach langen Bemühungen, fünf Stämme zu einem Freundschafts- und Beistandspakt zu einigen: die Mohawk, Oneida, Onondaga, Cayuga und Seneca (um 1720 kamen noch die Tuscarora hinzu). Als die «Fünf Nationen» wurde der Stammesbund bekannt und gefürchtet.

Die weiterhin unabhängigen Völker entsandten Sachems (Friedenshäuptlinge, die aus bestimmten Clans stammen mußten) und Kriegshäuptlinge (bewährte Kämpfer ungeachtet der Clan-Zugehörigkeit) in den gemeinsamen «Rat der Fünfzig», der über Konflikte beriet sowie die Verteidigung regelte und stammweise abstimmte. Obwohl die fünf Stämme zusammen nicht mehr als etwa 15 000 Mitglieder zählten, waren sie durch ihr Bündnis den zahlenmäßig viel stärkeren Algonkin weit überlegen.

Sie wohnten in tunnelförmigen, rindengedeckten Langhäusern, die bis zu zwanzig Familien Platz boten und umgaben ihre Dörfer mit einem Palisadenzaun. Die Frauen pflanzten Mais, Bohnen und Tabak an. Ihnen gehörten die Felder, die Langhäuser und die wirtschaftliche Macht.

Ältere Frauen, die sogenannten Clan-Mütter, bildeten den Vorstand in den Langhäusern und hatten das Recht, die neuen Sachems vorzuschlagen. Die Irokesen waren eine matriarchalische Gesellschaft. Sie waren im Gegensatz zu vielen anderen Stämmen eine überraschend humane und soziale Gesellschaft: rücksichtsvoll gegen die Alten und Schwachen, großzügig und gastfreundlich.

In krassem Gegensatz zu diesem Verhalten innerhalb des Stammes stand ihre blutige Grausamkeit gegen Feinde. Sie erwarben sich in weitem Umkreis den Ruf der Unbesiegbarkeit und waren so gefürchtet, daß allein der Ruf «Irokesen!» genügte, um ganze Dörfer in panische Flucht zu schlagen. «*Sie schleichen heran wie die Füchse, kämpfen wie die Löwen und verschwinden wie die Schlangen*», schrieb der Jesuitenpater Lallemand. Die Irokesen wurden zum

SELTSAME KOALITIONEN

VERRAZANO ERINNERTE SICH AN RHODOS – DARUM RHODES ISLAND

Schrecken ihrer Nachbarn. Sie marterten und mordeten und vernichteten nicht nur ganze Algonkinstämme, sondern auch irokesische Bruderstämme, die sich nicht ihrem Bund angeschlossen hatten, wie z.B. die Huronen und Eries im Gebiet nördlich der Fünf Nationen. In logischer Konsequenz wurden auch die im Huronengebiet sich ausbreitenden Franzosen zu Todfeinden der Irokesen. Während die Franzosen mit den Huronen Zweckbündnisse schlossen, waren die Engländer als Gegner der Franzosen wiederum natürliche Verbündete der Irokesen. Doch die Fünf Nationen hatten ihr Reich zu einer Zeit aufgebaut, als die Tage der Indianer bereits gezählt waren. Auf dem Höhepunkt ihrer Macht angelangt, wurden sie unvermittelt zu Vasallen ihrer europäischen Verbündeten: den Engländern.

Entdecker und Forscher

Der Genuese Christoph Kolumbus war 1492 im Auftrag der spanischen Krone gesegelt, um eine Westroute nach Indien zu finden, und hat dabei bekanntlich die Westindischen Inseln (Karibik) entdeckt. Sein Landsmann Giovanni Caboto (John Cabot) überquerte 1497 und 1498 im Namen von König Heinrich VII. von England den Atlantik auf einer weiter nördlich gelegenen Route in der Hoffnung, zu den Schätzen von Cathay und Cipango (China und Japan) zu gelangen, und er entdeckte dabei Neufundland und die Küste der heutigen Neuenglandstaaten. Während Kolumbus für seine Entdeckungen der Rang des Vizekönigs in den neuen Kolonien und eine zehnprozentige Gewinnbeteiligung versprochen worden war (ein Versprechen, das die Spanier nie einlösten), erhielt Caboto zehn englische Pfund bar auf die Hand. Ein bescheidener Lohn, wenn man bedenkt, daß die Engländer aus dieser Expedition den Anspruch auf das gesamte Nordamerika östlich der Rocky Mountains und nördlich von Florida ableiteten. Spanien begann rasch damit, die entdeckten Gebiete zu kolonisieren und sich an Gold und Silber zu bereichern; das wirtschaftlich kränkelnde England begnügte sich die nächsten hundert Jahre hindurch mit seinem bloßen Anspruch und hoffte weiter auf die Nordwestpassage, da das mächtige Spanien den Südatlantik beherrschte.

Im Dienste des französischen Königs Franz I. erkundete der Florentiner Giovanni di Verrazano 1524 die Hudson-Mündung, die Narragansett Bay und die Küste von Maine. Eine der Inseln, die bei den Indianern Aquidneck hieß, erinnerte ihn so sehr an das griechische Rhodos, daß er sie Rhodes Island nannte. Ein Name, der bis heute geblieben ist. 1534 und 1535 erforschte der Franzose Jacques Cartier aus St. Malot den St.-Lorenz-Seeweg. John Frobisher gelangte auf seiner Suche nach der Nordwestpassage 1570 bis zur Baffin Island, und der von den Holländern finanzierte Engländer Henry Hudson erforschte mit der gleichen Hoffnung 1609 den später nach ihm benannten Fluß. Samuel Champlain, nach dem der große See im Westen Vermonts benannt wurde, bereiste Gebiete nördlich von Neuengland und gründete 1608 Quebec. Damit legte er den Grundstein zu Neu-Frankreich. Im folgenden Jahr war er der erste Weiße, der das heutige Vermont erreichte. Als «Grüne Berge» (Verts Monts) bezeichnete er das waldreiche Bergland und prägte dadurch den Namen des heutigen Staates.

Bereits John Cabot hatte von reichen Kabeljau-Vorkommen vor der Küste Neufundlands berichtet, und wenige Jahre später legten Fischer aus England, Frankreich, Spanien und Portugal in diesen Gewässern ihre Netze aus. Den Fang verarbeiteten sie in einfachen Camps an der Küste, wo sie erstmals mit den Indianern in Berührung kamen. Ein schwunghafter Tauschhandel entwickelte sich, der den Seeleuten gegen Ende des Jahrhunderts eine weitere Einnahmequelle erschloß: den Pelzhandel.

Englische Kolonien

Die Spanier hatten im Süden bereits ein Weltreich gegründet, und im Norden waren die Franzosen bis Montreal vorgedrungen. Die Engländer indes waren über sporadische Küstencamps der Händler und Fischer nicht hinausgelangt. Gegen Ende des Jahrhunderts begannen sie jedoch, den Spaniern die Seeherrschaft streitig zu machen und ihre Macht auszudehnen. Männer wie Humphrey Gilbert

1995 endlich verfilmt: Die Geschichte von Pocahontas, Tochter des Algonkin-Häuptlings Powhatan. Nachdem die Algonkin Kapitän John Smith gefangengenommen haben, legt Pocahontas Fürsprache ein und rettet damit sein Leben

John Smith kommt ... ... und will am liebsten bleiben

und Sir Walter Raleigh bemühten sich, dauerhafte Kolonien zu gründen. Zunächst allerdings mit wenig Erfolg: Gilbert ertrank, als drei seiner vier Schiffe vor Neuengland sanken; Raleighs Kolonisten auf der sumpfigen Insel Roanoke verschwanden allesamt spurlos und auf höchst mysteriöse Weise. Andere Gruppen – selbst die erfolgreichsten – wurden durch Hunger und Krankheiten nahezu restlos vernichtet, oder sie gaben auf und segelten nach England zurück.

Im Jahre 1606 gründeten reiche Händler schließlich die beiden Virginia Companies: eine Virginia Company mit Sitz in London und eine mit Sitz in Plymouth. Beiden verlieh König James I. das Privileg, irgendwo zwischen dem heutigen North Carolina und Neuschottland eine Kolonie zu gründen. Die Londoner erhielten die südliche Hälfte, suchten sich die Chesapeake Bay aus und setzten sich noch im selben Jahr mit drei Schiffen in Bewegung, um 1607 Jamestown Virginia zu gründen. Die Plymouther hingegen mußten mit dem rauheren Nordland vorliebnehmen und ihre Kolonie am Kennebec River unter George Popham scheiterte zunächst am harten Neuengland-Winter. Daraufhin beauftragten sie den erfahrenen Seemann John Smith, die Küste genauer zu erkunden und Orte für eine erfolgversprechende Kolonie ausfindig zu machen. Smith, ein sehr rühriger Mann, hatte bereits in Jamestown Erfahrungen gesammelt, war von den Indianern gefangengenommen und nur durch die Häuptlingstochter Pocahontas vor dem Marterpfahl bewahrt worden (s. Bild Seite 29).

Er bereiste die Küste 1614 und zeichnete eine erstaunlich genaue Karte. Durch seinen Bericht «A Description of New England» verlieh er dem Gebiet nicht nur seinen heutigen Namen, sondern er trug mit seinen verlockenden und vielgelesenen Schilderungen auch maßgeblich dazu bei, potentielle Siedler auf dieses «Neue England» aufmerksam zu machen: «*Zwischen dem Penobscot und dem Sagadahoc (Kennebec River) ist die Küste felsig und von Inseln gesäumt und bedeckt von Wäldern mit allen Arten der prachtvollsten Bäume, die hervorragend zum Bau von Häusern, Booten und Schiffen geeignet sind. Die Küste ist unglaublich reich an nahezu allen Fischarten, an Enten und Gänsen sowie allerlei köstlichem Obst und Beeren. Kaum eine Bucht, in der man nicht Muscheln und Hummer im Überfluß findet, so daß man sie nur bei Ebbe aufsammeln muß. Sandstrände und Felsküsten, die auch noch mit Gärten und Maisfeldern bestückt sind. Wer würde dies nicht für einen der Gesundheit und Fruchtbarkeit äußerst zuträglichen Ort halten? Und ich, der alle vier Erdteile, die bislang nicht bewohnt sind, selbst gesehen hat, ich würde ... mich sofort hier niederlassen, und zwar lieber als anderswo.*»

Den armen, landlosen Schluckern im «alten» England mußte das wie ein Milch-und-Honig-Land erscheinen, und so wagten sie den für heutige Jet-Touristen unermeßlichen Sprung in eine völlig neue Welt.

Die Pilgerväter

An einem stürmischen Novembertag des Jahres 1620 erreichte ein Schiff mit 102 erschöpften Passagieren bei Cape Cod die Küste Neuenglands. Ein stolzer 180-Tonnen-Segler war es, der zusammen mit seinen Passagieren zum

Vor Mayflower kamen schon Hunderte von Schiffen

Pilgerväter nannten sich schlicht Heilige

Inbegriff der Besiedlung Neuenglands geworden ist – und nicht nur Neuenglands, sondern Nordamerikas überhaupt. Sein Name war Mayflower, und seine Passagiere sind als die «Pilgerväter» in die Geschichte eingegangen. Jeder Grundschüler in den USA bekommt diese Namen eingetrichtert, und auch bei uns begegnet man ihnen in fast jedem Englischlehrbuch. Ihre Fahrt wird heute fast mit der Entdeckung Amerikas gleichgesetzt, die damals immerhin schon mehr als 120 Jahre zurücklag! Die Pilgrims wurden zu den «ersten Siedlern», ja zu den «ersten Amerikanern» überhaupt stilisiert, obwohl vor ihnen bereits Hunderte von Schiffen in diesen Gewässern gekreuzt hatten, Dutzende von Siedlergruppen Jahrzehnte früher angekommen waren und in Virginia seit 13 Jahren eine dauerhafte Kolonie bestand. Der Plymouth Rock (jener Felsen, auf dem sie erstmals den amerikanischen Kontinent betreten haben sollen) wurde gar zur Grundfeste von Freiheit und Demokratie sowie zum Fundament, auf das sich die gesamte amerikanische Nation zu gründen scheint, obwohl kein Kapitän je auf die unsinnige Idee gekommen wäre, ausgerechnet auf einem Felsen zu landen, wenn gleich daneben ein Strand und eine Flußmündung warten.

Doch das Geschichtsbild der Schulbücher wird vielleicht überall mehr aus solchen Mythen bestehen als aus den nackten Fakten, und jedes Volk wird diese Gründungsmythen brauchen, um sich als Volk und Nation zu begreifen. Was macht es also, daß alles am heutigen Pilgrim-Kult der Amerikaner erst nachträglich begründet, zusammengereimt oder gar frei erfunden wurde? Fakt ist, daß der Mythos von den Pilgervätern die Amerikaner und das heutige Amerika stärker geprägt hat als alle historischen Tatsachen zusammen, und daß er dadurch wiederum wirk-licher (im Sinne von «wirksamer») wurde als jede längst verblaßte Realität.

Selbst der Name «Pilgerväter» ist erst vor etwa 150 Jahren erfunden worden. Die Passagiere der Mayflower waren eine bunt zusammengewürfelte heterogene Gruppe. Nur 41 von ihnen (17 Männer, 9 Frauen und 14 Kinder) waren jene Glaubensflüchtlinge, mit denen heute alle Pilgrims gleichgesetzt werden, und die man obendrein noch fälschlich mit den Puritanern von Boston in einen Topf wirft. Und selbst diese Gruppe nannte sich nicht «Pilgerväter», sondern schlicht und unbescheiden «Heilige» (saincts). Daneben segelte auf der Mayflower eine fast genauso starke Gruppe von vierzig sogenannten «Fremden» (strangers), freien und unabhängigen Siedlern, die von den Financiers der Unternehmung angeworben worden waren und nicht zu der separatistischen Religionsgemeinschaft gehörten. Weiterhin waren einige Arbeitskräfte an Bord, die gegen Bezahlung mitfuhren (hired hands), und 18 sogenannte «Diener» (servants), die genaugenommen nichts anderes waren als Sklaven auf Zeit.

Wer aber waren diese «Saincts», um die es eigentlich geht, und woher kamen sie? Im Europa des 16. Jahrhunderts war die Welt in Umbruch geraten. Nicht nur, daß Kolumbus eine Neue Welt entdeckt hatte, auch das religiöse Weltbild brach plötzlich aus den Fugen. Die Reformation fegte durch Europa und verschonte auch das Inselreich der Briten nicht. Gewisse Schichten des Volkes erwachten zu eigenem Bewußtsein – zum ersten Mal konnten

Separatisten ist Amsterdam zu fröhlich ... ... obwohl auch Puritaner lieber Bier als Wasser trinken

sie selbst die Bibel lesen! Plötzlich entdeckte man die Diskrepanz zwischen Bibelwort und päpstlichem Pomp. Das Volk lief Sturm – oder genauer – seine wache, progressive Avantgarde. Was nicht in der Bibel begründet war, galt als Teufelszeug: klerikaler Prunk und kirchliche Machtstrukturen ebenso wie die ausgefeilte Liturgie. Das Niederknien zum Empfang der Kommunion, das Zeichen des Kreuzes, selbst die Weihnachtsfeier – alles wurde als ruchlos und heidnisch verdammt. Gewissens- und Glaubensfreiheit wurden plötzlich gefordert. Mit eisernem Besen sollte die Kirche von allem gereinigt werden, was nicht ausdrücklich in der Bibel stand. Die Reinheit (purity) der Lehre hatten diese christlichen Fundamentalisten auf ihr Banner geschrieben. Aus den Puristen wurden Puritaner. Einer kleinen, aber besonders radikalen Untergruppe der Puritaner schien eine Kirchenreform von innen her unmöglich. Ihre Anhänger spalteten sich von der Anglikanischen Kirche ab und wurden zu Dissenters oder Separatisten (nach einem ihrer Vorbilder auch Brownisten genannt).

Um Gefängnis und Galgen zu entgehen, floh 1608 ein Häufchen dieser Separatisten aus dem Städtchen Scrooby in Nottinghamshire bei Nacht und Nebel übers Meer ins protestantische und tolerantere Holland. Dort lebten sie mit ihrem Pastor John Robinson zwölf Jahre lang frei, aber in Armut und hatten ihre liebe Not, die strenge puritanische Lehre gegen batavische Fröhlichkeit, Lachen am Sabbat und «allerlei lose Sitten» zu verteidigen. Selbst nachdem sie sich aus dem weltstädtischen und lasterhaften Amsterdam ins ländlichere Leyden zurückgezogen hatten, fürchteten sie um die Glaubensfestigkeit ihrer Kinder.

Dabei darf man sich die Separatisten nicht als blasse, blutleere Säulenheilige vorstellen. Sie waren keine bigotten Frömmler, keine traurigen Pietisten und keine galligen Sauertöpfe, sondern kraftvolle, lebensfrohe Männer und Frauen. Wohl hatten sie ihre strengen Regeln für Sabbat, Gottesdienst und Lebenswandel; sie gingen aber die Woche hindurch keineswegs in Puritanergrau, genossen die Freuden des Lebens und klagten laut ihre Not, wenn es statt Bier nur Wasser zu trinken gab. Ruhelos und neugierig waren sie, entschlossen, für ihre Überzeugungen einzustehen – notfalls mit ihrem Leben – mutig, leidenschaftlich und voll unerschöpflicher Energie. Wie anders hätten sie die Aufgabe bewältigen können, die vor ihnen lag?

Nach jahrelangen Verhandlungen erhielten sie schließlich von der Virginia Company das Recht, im Norden der Kolonie, etwa zwischen dem Delaware und dem Hudson River, zu siedeln. Sie hatten einige Londoner Geschäftsleute und Glücksritter unter der Führung von Thomas Weston dafür gewinnen können, ihr Unternehmen – gegen spätere Gewinnbeteiligung – zu finanzieren.

Im Sommer 1620 segelten sie an Bord der Speedwell nach Southampton, wo die Mayflower bereits auf sie wartete. An Bord dieses größeren Schiffes waren weitere Siedler bereit zum großen Sprung – überwiegend Strangers aus London und Südengland. Beide Schiffe stachen in See, doch die Speedwell erwies sich als «leck und so undicht wie ein Sieb», so daß man wieder umkehren mußte. Mehrere Versuche, das Schiff abzudichten, brachten nichts als lange Verzögerungen. Schließlich mußte man die Speedwell aufgeben und einen Teil der Passa-

Mayflowers 66tägiger Horrortrip

Ohne Gesetze geht nichts

giere zurücklassen. Die anderen drängten sich auf die überladene Mayflower. Erste Herbststürme fegten bereits über den Atlantik, als sie schließlich am 6. September 1620 von Plymouth (Devon) endgültig Kurs auf Amerika nahm.

Nach 66 Tagen auf See und eisigen Orkanen, während derer die frommen Pilgerväter mehrmals damit rechneten, «meate for ye fishes» zu werden, ging die Mayflower im Schutz von Cape Cod vor Anker, ungefähr dort, wo heute Provincetown liegt. *«Durch hohe Wellen, Nebel und Sturm hatten sie ihr ursprüngliches Ziel in Virginia um Hunderte von Kilometern verfehlt»*, behauptet die Pilgrim-Saga. Doch heute hält man es für höchst unwahrscheinlich, daß ein erfahrener Kapitän wie Christopher Jones sich so gründlich getäuscht haben soll. Viel eher wird vermutet, daß die Heiligen von Anfang an nicht die Absicht hatten, nach Virginia zu segeln, wo doch die Anglikanische Kirche bereits fest etabliert war. Sicher war es kein Zufall, daß sie sich vor ihrer Abreise mit Kapitän John Smith beraten hatten und seine Karte bei sich führten. Lieber als im Dunstkreis der verhaßten Anglikaner wollten sie frei und unabhängig in der neuenglischen Wildnis siedeln, auch wenn ihr mit Mühe erworbener Rechtstitel dort keinen Pfifferling wert war.

Den Strangers und Unfreien waren Anglikaner und religiöse Freiheit herzlich egal. Für sie hatte Freiheit einen anderen Namen. *«An der Küste Neuenglands sind wir nicht nur außerhalb des Gültigkeitsbereiches unseres Landtitels,»* sagten sie sich, *«sondern auch außerhalb des Einflußbereichs jeder Regierungsgewalt. Also können wir machen, was wir wollen und auf jede Vertragspflicht pfeifen!»*

Das war natürlich Meuterei. Doch die Leydener-Gruppe – wiewohl in der Minderzahl – dachte nicht daran, ihre führende Stellung aufzugeben oder mit anderen zu teilen. Die Aufrührer zu hängen war unmöglich, denn zum einen benötigte man jeden Mann für die bevorstehende Arbeit, zum andern waren einige der Rebellen «Diener» und damit ein Besitztum, das man nicht leichtfertig zerstörte. Also beschlossen die Pilgrims, durch einen Vertrag die Geschlossenheit und Solidarität der Gruppe zu sichern und setzten den berühmten «Mayflower Compact» auf. Darin verbanden sich die Unterzeichner zu einem «Civil Body Politic» und verpflichteten sich zu einer «gerechten und gleichen Gesetzgebung zum allgemeinen Wohle der Kolonie», der «alle Respekt und Gehorsam schuldig sind». Eine Übereinkunft, die trotz ihrer Einseitigkeit gültig bleiben sollte, bis die Kolonie der Pilgerväter 71 Jahre später in der «Massachusetts Bay Colony» aufging. Als Civil Body Politic machte man sich sofort daran und wählte John Carver zum Gouverneur – den einzigen wohlhabenden Händler unter lauter armen Handwerkern. Der jedoch starb bereits vor dem Ende seiner einjährigen Amtszeit. Sein Nachfolger William Bradford hingegen wurde dreißigmal wiedergewählt. Ihm und seiner Chronik «Of Plimoth Plantation» verdankt die Nachwelt ihr Wissen über die Pilgerväter in der Zeit von 1606 bis 1647.

Heute lernt in den USA jedes Schulkind, daß der berühmte Mayflower Compact in der Kapitänskajüte auf Brewsters Koffer unterzeichnet wurde, und daß er die Grundfeste und das Allerheiligste der amerikanischen Demokratie darstellt. Ersteres ist eine Spekulation der Bil-

Pilgerväter halten nichts von Gleichheit

Erdhügel mit Mais- und Bohnenvorräten

dermaler, letzteres mit Sicherheit verkehrt. Der Vertrag sollte den Status quo auf der Mayflower festschreiben, die Position der Heiligen sichern und alle Aufrührer und Diener in ihre Schranken weisen. Daß die Pilgrims nichts für Gleichheit und Demokratie übrig hatten, zeigt die gesamte Geschichte ihrer Kolonie, in der Frauen, Besitzlose und Diener kein Wahlrecht genossen. Dennoch hatten sie einen für ihre Zeit revolutionären Schritt getan, hatten sie doch mit der aristokratischen Hierarchie Europas gebrochen und einen Meilenstein auf dem Weg zur Demokratie gesetzt.

Nachdem sie sich solchermaßen ihren Platz in der Weltgeschichte gesichert hatten, galt es nun, eiligst einen Platz für die Kolonie zu finden, denn es fror und schneite bereits heftig. Man setzte eine Gruppe Bewaffneter ans Ufer, deren Oberbefehl der Stranger Miles Standish erhielt, eine etwas wunderliche Erscheinung: klein, rothaarig und cholerisch, von seinen Feinden als «Kapitän Krabbe» verspottet. Doch Standish war ein kampferprobter Soldat reiferen Alters, der das, was ihm an Leibeslänge fehlte, durch Mut und Entschlossenheit mehr als wettmachte. Zeit seines Lebens sollte er die bewaffneten Kräfte der Kolonie kommandieren, und immer wieder ging er durch seine Unerschrockenheit siegreich aus Konflikten hervor, in denen er mit seinen paar Mannen geradezu grotesk unterlegen war.

Unsterblichen Ruhm gewann der erste Heerführer Neuenglands posthum durch Longfellows Gedicht «The Courtship of Miles Standish». Vorerst bestand seine Streitmacht aus einem Dutzend Männern mit Brustharnisch, Piken und Hakenbüchsen. An ihrer Spitze verschwand er im Waldesdickicht, um das Land zu erkunden. Nach einigem Hin und Her und weiteren Expeditionen beschlossen die Pilgrims schließlich, das Kap zu verlassen und an einer geschützten Bachmündung auf dem Festland zu siedeln. Am 25. Dezember – denn Weihnachten zu feiern galt ihnen als heidnisch und gegen die Schrift – begannen sie mit dem Bau ihrer Siedlung, die sie New Plimoth nannten, nach der Stadt, von der aus sie die Alte Welt verlassen hatten. Ein Gemeinschaftshaus entstand, das auch für Gottesdienste seinen Zweck erfüllte, eine Plattform für Standishs Kanone und Wohnhäuser aus grobgesägten Brettern, denn Blockhäuser kannte man nicht, die kamen erst später mit den schwedischen Siedlern nach Amerika.

Der erste Winter muß fürchterlich gewesen sein. Die Hälfte der Mayflower-Passagiere starb an Kälte, Krankheit und Entbehrungen. Dabei hatten die Saincts noch Glück – geradezu sagenhaftes Glück, daß überhaupt einer von ihnen überlebte. Denn als sie die Umgebung ihrer Kolonie erkundeten, fanden sie sie völlig menschenleer. Sie trafen auf keinen der 3000 Massachusetts-Indianer, die noch von John Smith als unfreundliche Bewohner dieses Gebietes beschrieben worden waren. Auf ihren Streifzügen entdeckten die Siedler zunächst Erdhügel, und als sie diese aufgruben, fanden sie darin Mais und Bohnen, die sie mitnahmen, ohne sich um das Schicksal jener zu kümmern, deren Saatgut und Nahrungsvorrat sie plünderten. «Gelobt sei Gott,» riefen sie, «der so wunderbar sein auserwähltes Volk versorget!» und schleppten den Mais von dannen.

Doch Gottes Güte und Vorsehung reichte noch weiter. Die kriegerischen Massachusetts waren nämlich verschwunden, und als man ih-

Letzter Indianer... ... lehrt hilflosen Europäern das Überleben

re Dörfer entdeckte, da fand man die Langhäuser voller Skelette, das Land von Knochen bedeckt und die Felder brachliegend. Eine gräßliche Seuche war im Jahre 1617, ausgehend von den Fischcamps an der Küste von Maine, durch die Wälder Neuenglands gefegt und hatte die Patuxet bis auf den letzten Säugling vernichtet. Für die Saincts war die Sache klar: Gott hatte sein Volk ins gelobte Land geführt wie einst Abraham und in seiner Güte und Weisheit hatte er ihm gleich Siedlungsraum sowie gerodete und bestellte Äcker geschaffen und darüber hinaus die barbarischen Indianer vernichtet.

Auf rätselhafte und verschlungene Weise hatte der Herr jedoch einen einzigen Patuxet-Indianer namens Squanto (oder Tisquantum) von dem Schicksal seiner Stammesangehörigen bewahrt, um dem auserwählten Volk einen Helfer an die Seite zu geben. Ironischerweise war es tatsächlich jener letzte Patuxet, dem die Pilgrims mehr als allem andern ihr Überleben in der Neuen Welt verdankten. Die abenteuerliche Geschichte des Squanto mutet wie ein kleines Wunder an: Im Jahre 1605 verschleppte ihn eine Forschungsgruppe unter Kapitän Waymouth über den Atlantik nach England. Kapitän John Smith brachte ihn 1614 wieder zurück, doch schon kurz darauf wurde er zusammen mit 20 anderen Patuxets und sechs Nausets von Thomas Hunt gekidnappt, erneut nach Europa gebracht und auf dem Sklavenmarkt von Malaga verkauft. Mönche lösten ihn aus, um seine Seele zu retten, und er gelangte nach London, wo er einige Jahre bei John Slany, einem reichen Händler und Schatzmeister der Newfoundland Company, lebte. 1619 schließlich überquerte der weitgereiste Indianer zusammen mit Kapitän Thomas Dermer den Atlantik ein viertes Mal und kam gerade sechs Monate vor der Mayflower in seiner Heimat an. Doch inzwischen waren seine Angehörigen und Freunde alle tot, sein Volk ausgelöscht, und so suchte er beim benachbarten Stamm der Wampanoag Zuflucht.

Dieser Squanto, der letzte Patuxet, lehrte die reichlich hilflosen Heiligen die Tricks und Kniffe des Überlebens in der Wildnis und den Anbau von Mais. Bis zu seinem Tod blieb er ihnen ein unschätzbarer Ratgeber und Dolmetscher im Kontakt zu anderen Indianern.

Kaum war der Winter überstanden, da kam von der Narragansett Bay her König Massasoit (Gelbe Feder), der mächtige Häuptling der Wampanoag, mit 60 wild bemalten Kriegern persönlich vorbei, um der kümmerlichen Kolonie einen Besuch abzustatten. Die Pilgrims taten alles, um Eindruck zu schinden und ihren jämmerlichen Zustand zu verbergen: Das einzige fertige Gebäude wurde rasch herausgeputzt, die zahlreichen Gräber wurden als Maisacker getarnt, und «Kapitän Krabbe» samt seinen Männern präsentierten alles verfügbare Blech, während sie den hünenhaften Indianerhäuptling als Ehrenwache durch das Lager geleiteten. Gouverneur Carver empfing den nackten Wilden im roten Samtmantel und reichte ihm zur Begrüßung einen Becher Schnaps, aus dem der Häuptling einen *«so gewaltigen Zug tat, daß er hernach die ganze Zeit über gar heftig schwitzte»*, wie einer der Anwesenden vermerkte.

Das wichtigere Resultat dieser ersten Begegnung war jedoch ein Freundschafts- und Beistandsvertrag, der während der folgenden 40 Regierungsjahre Massasoits nie ernstlich verletzt wurde. Es folgten weitere harte und ver-

LUSTFEINDLICH & ENGSTIRNIG, DÜSTER & ABSTINENT ... ... DOCH ÜBERAUS GESCHÄFTSTÜCHTIG

lustreiche Jahre, Schiffe, die Nachschub brachten und Nachschubschiffe, die ausblieben, weitere Pilgrims, weitere Gräber. Nur ganz allmählich konnte sich die kleine Kolonie festigen. Ein wirtschaftlicher Erfolg ist sie nie geworden; 1627 mußten die Kapitalgeber 90 Prozent ihrer Investitionen abschreiben.

Die Puritaner

Zehn Jahre nach der Mayflower – also 1630 – strömte eine zweite Siedlerwelle nach Neuengland: die Puritaner. Konfessionell den Pilgrims sehr nahe, waren sie doch ein völlig anderer Menschenschlag. Sie hatten die Loslösung von der Anglikanischen Staatskirche nie gewagt. Und wie um diese Schwäche auszugleichen, gebärdeten sie sich starrer, dogmatischer und engstirniger in der Lehre, strenger und lustfeindlicher in ihren Moralvorstellungen, düsterer, asketischer und abstinenter als die frömmsten Saincts – eben «puritanischer». Andererseits waren sie gewiß geschäftstüchtiger, besser vorbereitet und cleverer als ihre Brüder in Plymouth – die ersten wahren Yankee Traders und Businessmen.

Plimoth Plantation wuchs nur sehr langsam (innerhalb von 20 Jahren gerade auf 3 000 Seelen), dehnte sich nur allmählich aus und wurde nicht ohne Grund noch im gleichen Jahrhundert von der Puritaner-Kolonie verschluckt. Es hat den Stoff für die so wichtige Mythenbildung geliefert, den Nährboden für ein amerikanisches Selbstbewußtsein – ansonsten aber blieb es eine Episode am Rande der Weltgeschichte. Die wahre Kolonisierung und Erschließung Neuenglands ist von der puritanischen Massachusetts-Bay-Kolonie ausgegangen. Boston war der Nukleus, um den herum neue Städte zu sprießen begannen, Massachusetts die Keimzelle, von der sich weitere Kolonien abspalteten.

Die von den Puritanern als Aktiengesellschaft gegründete Massachusetts-Bay-Company hatte eben alles, was den Pilgrims fehlte: Sie hatte Geld und einflußreiche Freunde in London, und sie hatte eine hieb- und stichfeste königliche Charta, einen Freibrief, in Neuengland zu siedeln. Und mehr noch: Schon sehr bald war es ihrem Gouverneur John Winthrop gelungen, der Kolonie von Anfang an ein hohes Maß an Selbständigkeit zu sichern, indem er die Verwaltung der Gesellschaft direkt in die Kolonie verlegte. Das war im Grunde Rebellion gegen die Oberhoheit des englischen Königs, das war bereits der Keim zur Unabhängigkeit. Doch Karl I. war anderweitig zu beschäftigt, und Winthrop brachte seine Idee durch. Natürlich fehlte es den neuen Siedlern auch nicht am puritanischen Sendungsbewußtsein und Auserwähltendünkel. Eine «Stadt auf dem Berg» wollten sie gründen, das «Neue Jerusalem» – nichts weniger.

Mit einem Dutzend Schiffen, über tausend Siedlern (dreimal soviel wie Plymouth in zehn Jahren sah!) und einer Archenladung voll von Vieh und Lebensmitteln segelte Winthrop 1630 los. Bereits im Jahr zuvor hatte eine Vorhut von 350 Männern und Frauen Salem (Frieden) gegründet.

Die meisten dieser Puritaner ließen sich im heutigen Cambridge nieder und nannten es Newtown. Winthrop selbst traf auf einer von den Idianern Shawmut genannten Halbinsel den Einsiedler William Blackstone, der sich

Rigorose Theokratie mit Puritaner-Papst

mit seinen Büchern dorthin zurückgezogen hatte, um in Ruhe lesen zu können. Gastfrei lud Blackstone seine Landsleute ein, sich dort anzusiedeln. Als aber immer mehr Kolonisten nachströmten, packte den bücherlesenden Eremiten das Grausen und er entfloh in die Wildnis des heutigen Rhode Island, wo seine Ruhe allerdings auch nicht mehr lange währen sollte.

Bis 1937 kamen jährlich weitere 2000 Auswanderer in die Bay Kolonie, und rings um die Bucht entstanden immer neue Siedlungen. Wie in der benachbarten Pilgrims-Kolonie, so sicherten sich auch hier die Puritaner die Regierungsgewalt und gaben sie nicht mehr aus den Händen. In der «Mutterzelle amerikanischer Demokratie» herrschte in Wirklichkeit eine rigorose Theokratie. Wahlberechtigt waren ausschließlich freie Bürger, und nur freie Bürger konnten Mitglied der Kirche werden. So einfach! Die Kirche bestimmte das gesamte öffentliche Leben. Ihr Bostoner Oberhaupt – und damit eine Art «Puritaner-Papst» – war der Prediger John Cotton, ein fanatischer Fundamentalist, der neben dem Gouverneur der einflußreichste Mann der Kolonie war und keine Abweichler duldete.

Der Konflikt mit Roger Williams, einem für puritanische Verhältnisse unerträglich liberalen Prediger, war nicht zu vermeiden. Williams forderte nämlich Gewissens- und Glaubensfreiheit nicht nur für Puritaner, sondern für alle Menschen, was im 17. Jahrhundert geradezu revolutionär war, und er erklärte die königliche Charta – d.h. die rechtliche Grundlage der Kolonie – für null und nichtig, da der König keinerlei Rechte habe, über das Land der Indianer zu verfügen.

Liberaler Abtrünniger macht Frieden für 150 Jahre

1635 wurde der abtrünnige Prediger vor Gericht gestellt und aus der Kolonie verbannt – eine schwere Strafe, wenn man bedenkt, daß ringsum nichts als abweisende Wildnis lag und der harte Winter bevorstand. Auf vereisten Küstenpfaden und durch tiefen Schnee schlug sich der hitzige Rebell mit wenigen Getreuen nach Süden durch. Dort überwinterte er bei den Indianern und erhielt von ihnen ein großes Stück Land am Nordende der Narragansett Bay – wohl geschenkt, denn womit hätte er es auch bezahlen sollen? Er gründete die Providence Plantation aus der später, zusammen mit Newport und anderen Siedlungen, der Staat Rhode Island hervorgehen sollte. In die Kolonie aufgenommen wurde auch die Stadt Warwick, gegründet von Samuel Gorton, den die Saincts aus Plymouth verbannt hatten. Warum? Letztlich deshalb, weil seine Magd während des Gottesdienstes gelächelt hatte und Gordon die Frechheit besessen hatte, sie auch noch zu verteidigen.

Eineinhalb Jahrhunderte lebte Roger Williams' Kolonie friedlich mit allen Indianern, und seiner Überzeugung gemäß verwirklichte der Prediger die Trennung von Kirche und Staat. Von Cotton als «Abwasserkanal Neuenglands» und «Rogue Island» (Schurkeninsel) verteufelt, blieb Providence Plantation den Prinzipien seines Gründers treu und nahm Dissidenten auf, die sonst nirgends eine Zuflucht fanden – später auch Juden, Quäker und Hugenotten. So wurde es zu einem ersten wirklichen Hort der Freiheit in Amerika.

1638 folgte Anne Hutchinson, die aus der Bay Kolonie verbannt worden war, nur weil sie an die strenge Prädestinationslehre nicht so recht glauben mochte und dafür lieber ein bißchen

terra magica 37

Wiege der Freiheit stand in Connecticut

Pastor Hartfords Predigerschule, heute Amerikas älteste Universität

mehr an die göttliche Gnade. Sie hatte versucht, in die alttestamentarisch-düstere Welt der Puritaner das Licht und die Wärme christlicher Liebe zu bringen – so heißt es. Aber letztlich hat man sie wohl deshalb verjagt, weil sie mit ihren feurigen Reden zu viele Bostoner mitriß und so die innere Stabilität und Machtstruktur der Kolonie gefährdete. Sie gründete die Stadt Portsmouth, predigte dort vier Jahre lang und wurde schließlich auf Long Island (New York) beim Versuch, einige Indianer zu bekehren, von den selbigen erschlagen.

Wheelwright, einen ihrer Anhänger, hatte man bereits im Winter 1637/38 verstoßen. Er zog trotz Winterskälte nach Norden und gründete mit einigen Freunden die Exeter-Kolonie, die erste Ansiedlung im späteren New Hampshire.

Noch früher, nämlich 1636, verließ Pastor Thomas Hooker aus eigenem Antrieb die Bay-Kolonie, nachdem er vergeblich versucht hatte, die Strenge der theokratischen Regierung in Massachusetts zu mildern. Er zog ins Tal des Connecticut River, wo die Holländer schon ihren Handelsposten «Haus der Hoffnung» errichtet hatten. Dort gründete er die Hartford-Kolonie, aus der später der Staat Connecticut hervorgehen sollte.

Seine Vorstellungen von einer liberalen Regierung schrieb er 1639 in den berühmten «Fundamental Orders» nieder, der ersten Verfassung in den Vereinigten Staaten, die Connecticut den Beinamen «Constitution State» eingetragen hat. In Hookers Kolonie konnte jeder wählen und jeder wurde in die Kirche aufgenommen. Wenn also irgendwo in Amerika so etwas wie eine «Wiege der Freiheit» gestanden hat, dann in Connecticut oder Rhode Island – aber ganz sicher nicht in Plymouth oder gar an der Massachusetts Bay.

Während sich ringsum neues Leben regte und neue Ideen keimten, war man im puritanischen Brückenkopf Boston darauf bedacht, das Bestehende zu sichern, d.h. die eigene Macht. Nachdem alle Andersdenkenden verbannt waren, hatte John Cotton freie Hand. Gefolgt von seinem Schwiegersohn Increase Mather, dessen Sohn Cotton Mather und schließlich Samuel Mather, begründete er eine Dynastie von Chefideologen des rigorosen Puritanismus, die fast hundert Jahre lang das religiöse, politische und kulturelle Leben der Kolonie beherrschte. Um die Theokratie zu festigen, mußte zunächst der Fortbestand der religiösen Elite gesichert werden. Das heißt, man brauchte eine Schule, um Priester und Prediger heranzubilden. Kaum daß die ärgsten Gründungsprobleme überwunden waren, beschloß man, ein Viertel der Steuereinnahmen von 1636 (rund 400 Pfund) in die Gründung eines Priesterseminars zu investieren. Es entstand in der Siedlung Newtown, die man in Erinnerung an die ehrwürdige Universitätsstadt in England kurzerhand in Cambridge umtaufte. Pastor John Harvard vermachte 1638 dem «Seminar in der Wildnis» die Hälfte seines Vermögens (immerhin 1700 Pfund), seine Bibliothek und – seinen Namen. Aus der Predigerschule wurde die älteste Universität Amerikas: Harvard University. Ganz klar, daß die Puritaner mit strenger Hand auch die Bildung steuerten. Bereits 1647 verfügten sie per Gesetz, daß jede Gemeinde mit mehr als 50 Familien eine Lese- und Schreibschule einzurichten habe und jede mit über 100 Familien eine Lateinschule nach englischem Vorbild. Man hoffte, auf diese Weise die Kenntnis der

Heiligen Schrift zu fördern, und bedachte nicht, daß man durch allgemeine Bildung gepaart mit dem Unabhängigkeitsgeist der Pioniere zugleich – ohne es zu wollen – die Saat für die amerikanische Demokratie auslegte. Als deren Keime sich selbst in den geheiligten Hallen von Harvard zu regen begannen, und als schließlich – horribile dictu – die liberalen Anglikaner nicht länger aus dem Lehramt fernzuhalten waren, da sagten sich die Orthodoxen von der Alma mater los. Sie gründeten 1701 in Connecticut ein Konkurrenzunternehmen, das 1716 seinen Sitz nach New Haven (ebenfalls Connecticut) verlegte und Yale genannt wurde. Erster Präsident der neuen Predigerschule war – wen wundert's – Cotton Mather, der flammende Eiferer und fanatische Puritaner aus Boston.

Indianerkriege

Als die Siedler die Küste verließen, gelangten sie zunehmend in Regionen, die nicht durch die Pockenseuche von 1617 entvölkert worden waren und sahen sich plötzlich mit mächtigen Indianerstämmen konfrontiert. Daß die Indianer ihnen durch die ersten Winter geholfen hatten, das war längst vergessen. Jetzt wollte man ihr Land. Und als auserwähltes Volk glaubte man, ein Anrecht darauf zu haben wie einst Abraham im Lande der Sodomiten. Als die Kolonisten 1636 ins Connecticut-Tal vordrangen, da begriff Sassacus, Häuptling der gefürchteten Pequots («Zerstörer»), daß es um das Überleben seines Volkes ging.

«Ihr werdet die nächsten sein, wenn wir die Bleichgesichter jetzt nicht aufhalten», wandte er sich in prophetischer Vorahnung an die Narragansett. Doch die wollten sich – von Roger Williams beeinflußt – aus einem Krieg gegen die Weißen heraushalten. So waren die Pequots auf ihre eigenen Kräfte angewiesen. Aber auch die allein waren recht beachtlich: 3 000–4 000 Krieger gegen lächerliche 250 Kolonisten in ganz Connecticut. Die Pequots zogen durch das Tal und ermordeten 14 Siedlerfamilien, ehe ein bewaffneter Trupp aus Massachusetts gegen sie ausrückte. Die Weißen verfügten insgesamt über 240 Männer, aber sie hatten – wieder einmal – 1 000 Indianer auf ihrer Seite und erhielten weitere Verstärkung durch den berühmt gewordenen Uncas mit seinen Mohikanern. Der «letzte Mohikaner» Fenimore Coopers war also ein Verräter, der seinen Verwandten in den Rücken fiel. Nahe der Mündung des Mystic River wurden die ahnungslosen Pequots bei Nacht umzingelt und überrumpelt. Es folgte ein Gemetzel, daß es selbst den verbündeten Indianern grauste. Männer, Frauen und Kinder wurden in den Wigwams lebendig verbrannt. Wer den Flammen entkam, wurde mit dem Schwert niedergemetzelt und in Stücke gehauen. *«Es war ein fürchterlicher Anblick»*, berichtet ein Beobachter, *«wie sie in den Flammen brieten und ihre Blutströme das Feuer beinah löschten, und grauenerregend war ihr Gestank; aber der Sieg schien ein süßes Opfer und die Sieger priesen Gott in der Höhe.»*

Von diesem Schlag erholten sich die Pequots nie wieder. Ihr Häuptling floh zu den Mohawks, die ihn genüßlich zu Tode marterten, die Krieger wurden als Sklaven verkauft, die jungen Frauen und Mädchen unter den Siegern aufgeteilt. So war das Indianerproblem in Neuengland für die nächsten 40 Jahre «gelöst».

60 000 Kolonisten gegen 15 000 Ureinwohner

König Philipp – ein Indianerhäuptling

Dann jedoch sollte sich die Prophezeiung des Sassacus auf schreckliche Weise erfüllen. Das Drama der Pequots wiederholte sich noch gräßlicher, noch größer und noch gründlicher. Massasoit war 1661 gestorben, jener Häuptling der Wampanoag, mit dem die Pilgrims 40 Jahre zuvor ihren Freundschaftsvertrag geschlossen hatten. Nachfolger wurde sein ältester Sohn Wamsutta, den die Engländer Alexander nannten. Wie einst sein mächtiger Vater reiste er nach Plymouth, um den Freundschaftsbund zu erneuern, der es den Pilgrims damals ermöglicht hatte, in der Neuen Welt Fuß zu fassen. Doch die Lage hatte sich geändert. Inzwischen waren an die 60 000 landhungrige Kolonisten nach Neuengland gekommen und machten den verbleibenden 15 000 Indianern den Boden streitig. Wamsutta wurde auf ein Gerücht hin von den Pilgrims gefangengenommen, scharf verhört und starb wenig später in Plymouth. Sein Bruder und Nachfolger Metacom oder Matassom, von den Engländern Philipp genannt, setzte noch immer auf friedliches Zusammenleben und kam ebenfalls nach Plymouth, um den Bund zu erneuern. Bald mußte er jedoch einsehen, daß ein Nebeneinander nicht mehr möglich war. Die Indianer Neuenglands standen mit dem Rücken zur Wand und mußten um ihr Leben kämpfen. In einer verzweifelten Anstrengung bemühte sich Häuptling Metacom, alle Algonkin-Stämme zwischen Maine und Connecticut zu einem Kampfbund zu vereinen, um ihr Land und Erbe zu verteidigen. Die Einigung gelang, doch tragischerweise zu spät. Ihre Zeit war längst abgelaufen.

Im Juni 1675 begann einer der ersten großen Indianerkriege Amerikas – und der letzte in Neuengland: der «König-Philipp-Krieg». Die vereinten Truppen von Plymouth und Boston versuchten, die Wampanoag im Sumpf von Pocasset zu umzingeln, mußten aber nach schweren Niederlagen aufgeben. Von da an verbreiteten die Indianer Angst und Schrecken. Sie tauchten plötzlich aus den Wäldern auf, überfielen ein Dorf, brannten es nieder und waren längst verschwunden, ehe die schwerfälligen Weißen zuschlagen konnten. Mendon, Brookfield, Lancaster, Deerfield, Northfield, Hatfield und Hadley gingen in Flammen auf. Immer mehr Stämme schlossen sich den Wampanoag an. Die Truppen der Engländer wurden in Hinterhalte gelockt und aufgerieben. Captain Hutchinson (ein Sohn der Anne Hutchinson) wurde mit seiner gesamten Abteilung niedergemacht, und bei Bloody Brook wurden fast alle Männder von Essex getötet. Schon stürmte Philipp auf die alte Kolonie ein und vernichtete Siedlungen rings um Plymouth. Dann schwenkte er nach Westen und Norden gegen Connecticut und Massachusetts. Das Ende der Kolonien schien bevorzustehen.

Doch dann wendete sich das Kriegsglück. Zuerst traf es – wie der Pequot-Häuptling prophezeit hatte – die mächtigen Narragansett. Da die Kolonisten befürchteten, sie würden sich im Frühjahr den Wampanoag anschließen, wollte man sie durch einen Präventivschlag vernichten. Tausend Bewaffnete aus Boston, Plymouth und Connecticut umzingelten und überraschten sie in ihrem Winterlager in den Sümpfen der Narragansett-Bucht. Genau wie vor ihnen die Pequot wurden die Narragansett vernichtend geschlagen. Wieder verbrannten Frauen und Kinder wehrlos in den Hütten.

Textfortsetzung S. 57

Farben-teppich des Herbstes in New Hampshire

Lake of Clouds Hut, eine der vielen, manchmal spektakulär gelegenen bequemen Unterkünfte, die den Appalachian Trail säumen (New Hampshire)

Farbensymphonie den White Mountains, New Hampshire

Indian Summer auf dem Paß von Pinkham Notch, White Mountains, New Hampshire

Basaltgang im Tiefengestein der White Mountains. Dieses Gebirge entstand durch weitflächige, magmatische Intrusionen in die untere Erdkruste und wurde in geologischen Zeiträumen von den Deckschichten befreit (New Hampshire)

Kürbisernte in County Merrymack, New Hampshire

Es ist zwar nicht wie einst in Kalifornien, wen jedoch das Goldfieber packt, kann am Flu Wild Ammo noosuc fündig werden (Ne Hampshire)

Ob die Viecher dort beerdigt oder serviert werden, hat der Fotograf nicht rausgefunden. Bei Bartlett, New Hampshire

Samantha wartet und fährt diese niedlichen Rauchschleudern der Mount Washington Railway in New Hampshire

Cathedral Ledge bei Nort Conway, ein Tummelplatz für Kletterer, die dort täglich in de Steilwänder spazieren gehen (New Hampshire)

Felsidylle auf dem Paß Franconia Notch. Der Begriff Notch (Kerbe) steht in dieser Gegend für Paß und ist wahrscheinlich der Sprache von holzfällenden Zeitgenossen entnommen (New Hampshire)

nächste Doppelseite: Rhapsodie in Ahornrot oder Neuengland, wie es eben nicht nur im Bilderbuch erscheint – der Indian Summer ist leuchtende Realität. Hier entlang der West Side Road bei Conway, New Hampshire

übernächste Doppelseite: Presidential Range mit der Mount Washington Summit Road, New Hampshire

Sommerparadies am Lake Winnipesaukee, New Hampshire

«The Old Man in the Mountain». Felsformation bei Franconia Notch, New Hampshire

Sugar Hill bei Franconia mit den White Mountains im Horizont, New Hampshire

Auf dem Gipfel des Mount Washington, wo das Wetter manchmal verrückt spielt. Im Jahre 1934 wurde hier die höchste Windgeschwindigkeit der Welt mit 372 Kilometern in der Stunde gemessen (New Hampshire)

Wer gedeckte Brücken sehen will, findet sie in Neuengland in überraschend großer Anzahl. Hier in Conway, New Hamsphire

In dem nicht kleinlich angelegten Hotel von Bretton Woods, New Hampshire, am Fuße der Presidential Range fand 1944 unter Beteiligung von 44 Staaten die bedeutsams Währungskonferenz de Geschichte statt. Dabei wurde die Weltban und eine monetäre Neuordnung geschaffen

Shaker Village Canterbury, New Hampshire. Die Shakers waren eine christliche Gruppierung – allen Fortschritten offen gesinnt. Weniger Arbeit bedeutete mehr Zeit zum Beten

Die längste gedeckte Brücke von Neuengland. Bath, New Hampshire

Flume Brook, White Mountains, New Hampshire

Denn wie hieß es unter den Kolonisten, die sich Christen nannten: *«Wer die Läuse ausrotten will, der muß schon die Nissen knacken.»*

Im Frühjahr 1676 fehlte König Philipp die erhoffte Verstärkung durch die Narragansett. Seine Lebensmittel waren erschöpft, das Volk hungerte und ein Stamm nach dem andern fiel geschwächt vom Bündnis ab. Jetzt nahmen Europäer von der Küste und irokesische Mohawks von Westen her die Algonkin in die Zange. Der Krieg war zu Ende, König Philipp wurde erschossen, seine Mitkämpfer als Sklaven verkauft. Damit war das Indianerproblem endgültig und für alle Zeiten «gelöst» – denn die Stämme waren vernichtet.

Die Hexen von Salem

Eines galt schon damals: War der äußere Feind vernichtet, so mußte ein neuer Widersacher gefunden werden. Kaum war der «Teufel» in Gestalt heidnischer Indianer-Barbaren besiegt, so tauchte er plötzlich in den eigenen Reihen wieder auf und zeigte seine gräßliche Fratze mitten in der puritanischen Hochburg: im Dörfchen Salem. Was sich dort im Jahre 1692 abspielte, war der letzte Exzeß des fundamentalistischen Puritanismus und besiegelte zugleich sein Ende.

Ausgerechnet im Haushalt des Pastors Samuel Parris fuhr der Herrscher der Finsternis aus der Hölle empor. In diesem Haus lebten die neunjährige Tochter des Pastors, seine elfjährige Nichte Abigail Williams und deren Freundin Anne Putnam sowie eine aus Barbados stammende, dunkelhäutige Haushälterin namens Tituba. Natürlich wurden die Mädchen streng puritanisch erzogen, gerade deshalb erschienen ihnen die Voodoo-Geschichten Titubas, voll von Geistern, Teufeln und Hexen, besonders interessant. Ein so extremer Konflikt mußte zur Katastrophe führen: Die Kinder wurden hysterisch. Sie wälzten sich am Boden, hatten Schaum vor dem Mund, krümmten sich in wilden Zuckungen und verfielen bald in Schreikrämpfe, bald in Ohmacht. Alles ganz eindeutige Anzeichen einer durch Hexerei verursachten Besessenheit. Nur logisch, daß man die Schuld bei dem dunkelhäutigen Heidenweib suchte. Tituba wurde ins Gefängnis geworfen, der Hexerei bezichtigt und angeklagt. Da war er endlich, der Leibhaftige in Menschengestalt. Nun galt es, ihn zu packen und an den Galgen zu bringen. Cotton Mather, der amtierende Chefideologe der Puritaner und «Spezialist» für Hexenprobleme, eiferte sich in flammenden Predigten über die drohenden Folgen lasterhaften Tuns. Denn diese Gelegenheit, die Schäfchen enger zusammenzutreiben, durfte er sich nicht entgehen lassen. Doch die Hölle schlug zurück. Mather konnte die entfesselten Emotionen nicht mehr bannen. Der puritanische Sittenpanzer barst, und eine lang unterdrückte Energie entlud sich mit verheerender Wucht in einer wahnwitzigen Massenhysterie.

Zusammen mit Tituba wurden sogleich die etwas schwachsinnige Sarah Good und die unbeliebte Mutter Osborne eingesperrt und angeklagt. Wahllos begannen die hysterischen Mädchen, nun auch andere Frauen zu beschuldigen. Dann auch Männer. Schließlich wurden sogar kleine Kinder der Hexerei bezichtigt und ein Hund hingerichtet, weil angeblich der Teufel in ihn gefahren war.

Steppenbrand mit wahnwitziger Hysterie

«Seit wann bist du eine Hexe?», fragte das Gericht Sarah Carrier. *«Seit meinem sechsten Lebensjahr»*, gestand sie freimütig. *«Und wie alt bist du jetzt?» «Mein Bruder sagt, ich würde im November acht.»* Dorcas Good, die neun Monate in Ketten lag, war gerade vier Jahre alt ... Die erste «Hexe», Bridget Bishop, wurde am 10. Juni 1692 gehängt. Dann folgten Massenexekutionen: fünf im Juli, vier im August, acht im September. Insgesamt wurden in dem kleinen Dörfchen 19 Hexen hingerichtet. Andere nahmen sich im Kerker selbst das Leben. Giles Corey, der sich des Verbrechens schuldig gemacht hatte, seine Frau zu verteidigen, wurde unter einer immer schwereren Steinlast zu Tode gequetscht, weil er nicht gestehen wollte. Selbst der hochwürdige Pastor George Burrow, Amtsvorgänger von Parris, entging der Raserei nicht und endete auf dem Schafott.

Wie ein Steppenbrand tobte der Hexenwahn durch ganz Massachusetts. Andere Städte baten um die leihweise Überstellung der Mädchen, um örtliche Hexen zu identifizieren. Die Kinder genossen ihre schauerliche Macht. Insgesamt 400 Verdächtige wurden in Ketten gelegt. Die Gefängnisse quollen über. In Salem selbst waren nur noch die Ankläger auf freiem Fuß und begannen sich nun gegenseitig zu beschuldigen. Doch ebenso rasch, wie die Hysterie immer wahnwitzigere Formen angenommen hatte, brach sie plötzlich wieder zusammen. Weihnachten 1692 befahl Gouverneur Phipps (nachdem auch seine Frau beschuldigt worden war!), alle Verdächtigen freizulassen. Auf die Hysterie folgte die Ernüchterung. Drei der vier Richter rückten von ihren Urteilen ab. Anne Putnam gestand später, bewußt gelogen zu haben. Zu spät.

Puritanische Lehre lebt weiter

Der puritanische Klerus hatte die Hexenhatz angefacht und sich an ihre Spitze gesetzt. Als der Wahn zusammenbrach und die Menschen den Irrsinn begriffen, verlor auch die puritanische Theokratie den Halt. Nie mehr sollten die Prediger ihre Macht wiedererlangen, mit der sie ein dreiviertel Jahrhundert lang die Kolonie beherrscht hatten. Mit ihnen war zugleich der Fundamentalpuritanismus am Ende und verlor seine Anhänger an die liberaleren Gemeinden.

Das Erbe der Puritaner

Wer aber glaubt, mit dem Ende der Hexenprozesse von Salem wäre der amerikanische Puritanismus überhaupt gestorben und begraben worden, der irrt gründlich. Auch wenn sich niemand mehr als «Puritaner» bezeichnete, so waren jene doch nicht spurlos verschwunden. Sie praktizierten ihren Glauben nunmehr etwas liberaler unter dem Namen «Congregational Church of New England» (heute United Church) oder als Presbyterianer, von denen sie sich ursprünglich einmal getrennt hatten. Die Sekte der Puritaner ist verschwunden, doch die Lehre des Puritanismus lebt weiter und prägt bis heute ganz entscheidend die amerikanische Gesellschaft und fast alles, was man als «typisch amerikanisch» betrachtet.

Die calvinistische Prädestinationslehre der Puritaner besagte letztlich nichts anderes, als daß jedem Menschen von Geburt an unabwendbar vorherbestimmt sei, ob ihm ewige Seligkeit oder Verdammnis zuteil werden würde. Niemand konnte mit Sicherheit wissen, ob ihn einst Himmel oder Hölle erwartete. Aber es gab ein Zeichen, an dem die Auserwählten zu erkennen waren: am wirtschaftlichen Erfolg. Also war der rechtschaffene Puritaner förmlich dazu gezwungen, geschäftlich erfolgreich zu sein und «Geld zu machen». Harte Arbeit galt als gottgefällig, Müßiggang als Laster. Zugleich war es aber sündhaft, das Erwirtschaftete sinnlich zu genießen. Das Resultat einer solchen Arbeitsmoral sind die Dollarfuchser und Workaholics nach dem Muster von Dagobert Duck, die noch heute in guter puritanischer Tradition die amerikanische Wirtschaft beleben. Der große amerikanische Traum, vom Tellerwäscher zum Millionär aufzusteigen, ist nichts anderes als eine Fortführung dieser puritanischen Idee.

Die Überzeugung der Puritaner, das auserwählte Volk Gottes zu sein, ist unschwer im Sendungsbewußtsein wiederzuerkennen, durch das sich die Amerikaner des 20. Jahrhunderts dazu bemüßigt fühlen, die ganze Welt mit dem Segen ihrer Demokratie und ihres Wirtschaftssystems zu überziehen. Die zur Formel gewordene Bezeichnung der USA als «God's own country» ist nichts anderes als die direkte Wiedergabe der puritanischen Vorstellung vom «Neuen Jerusalem» und von «Gottes Reich auf Erden».

Die in ganz Amerika lange, in ländlichen Gebieten bis heute verbreitete Prüderie, ist ebenfalls ein Erbe der neuenglischen Puritaner. Die Kommunistenjagd McCarthy's in den fünfziger Jahren – was war sie anderes als eine puritanische Hexenjagd à la Salem? Und wenn heute Kandidaten für öffentliche Ämter nicht auf ihre fachliche Qualifikation überprüft, sondern wegen angeblicher oder tatsächlicher privater Fehltritte an den Pranger gestellt werden (sei es ein ehelicher Fehltritt, sexuelle Belästigung oder ein Joint, an dem man einmal gezogen hat), wenn ihr intimstes Privatleben tagelang in Fernsehübertragungen vor der gesamten Nation bloßgelegt wird, dann ist das ein später Triumph des eisernen, unerbittlichen Puritanismus.

Nein, der Puritanismus ist nicht tot. Noch heute beeinflußt er das amerikanische Denken und Handeln. Wer die puritanischen Wurzeln nicht kennt, der wird Amerika nie verstehen – und Neuengland schon gar nicht.

Holländisches Intermezzo in Neu-Amsterdam

Zwischen Connecticut River und Penobscot hatten sich die Puritaner breitgemacht, zwischen James River und Delaware hatte die erste Virginia Company ihre Landansprüche. Das ließ eine Lücke frei, die vom Delaware bis zum Hudson River reichte, genau dort also, wo die Pilgrims eigentlich hätten siedeln sollen. Und eben in dieser Lücke setzten sich rasch Holländer und Schweden fest. Den Hudson River hinauf bis zum heutigen Albany hatte Mr. Hudson immerhin im Auftrag und auf Rechnung der Holländer erkundet. Als die Weltmacht Spaniens zerbröckelte (und die Engländer noch immer schwach waren), hätten die Holländer gute Chancen gehabt, in die Fußstapfen der Iberer zu treten und ein großes Kolonialreich aufzubauen.

Woran scheiterte es? Nun, wohl einfach daran, daß es den Holländern zu Hause viel zu gut ging. Nach gewaltigen Handelsgewinnen und der Plünderung spanischer Silberschiffe war

HOLLÄNDER WOLLTEN LAND KAUFEN, NICHT RAUBEN

GRUNDSTÜCKE GEGEN GLASPERLEN

das kleine Ländchen sehr reich. Es gab dort keinen demographischen Druck und auch keine religiösen Verfolgungen. Warum also hätten die Holländer ihre sichere Heimat gegen eine unberechenbare Wildnis eintauschen sollen? Dennoch haben sie es versucht, und die Sache ließ sich zunächst auch ganz gut an. Im März 1624 kam ein erster Schub Siedler in die neue Welt, ein kunterbunter Haufen von etwa 30 Familien, die sich teils an der Delaware-Mündung niederließen (Fort Nassau), teils am oberen Hudson das Fort Oranje gründeten. Zum größten Teil aber siedelten sie in jener herrlichen Bucht, die das Eingangstor zur Neuen Welt werden sollte und die der Brückenkopf zu einem holländischen Amerika hätte werden können.

Das Unternehmen wurde von der westindischen Kompanie finanziert, die zunächst einmal Gewinne aus dem Pelzhandel sehen wollte und weniger an der Kolonisierung interessiert war. «Sich mit den Indianern vertragen und das Land nötigenfalls kaufen», lautete daher die Devise. So kam es 1626 zu jenem Ereignis, das heute als Anekdote nicht nur unter Immobilienhändlern kursiert. Wer hat sie noch nicht gehört, die Geschichte von Peter Minuit (oder Minnewit) aus Wesel, der den Indianern ganz Manhattan für einige Töpfe und Eisenwaren im Wert von 60 Gulden (etwa 24 Dollar!) abgekauft hat. Man schüttelt den Kopf und lacht über diese «doofen Indianer», die so gar keine Ahnung vom Wert ihrer Immobilien hatten. Sieht man aber genauer hin, so sind es vielleicht doch die dummen Weißen, die nichts kapieren. Sie haben nicht verstanden – viele bis heute nicht – daß es für die Indianer keine «Immobilien» gab, sondern geheiligten Boden, den

man ebenso wenig verkaufen konnte, wie die Luft oder die Wärme der Sonne. Die einfältigen Bleichgesichter hingegen bezahlten für etwas, das sie ohnehin nie besitzen konnten. Und sie wurden zu Sklaven ihres «Besitzes». Ja, sie konnten sich des Landes noch nicht einmal erfreuen, denn sie hatten dafür bezahlt und mußten sich daher abrackern, damit sich das Land auch «lohnte» und Gewinn abwarf.

Was die Indianer abtreten konnten – gegen Bezahlung, gegen Geschenke oder einfach so – das war allenfalls das Nutzungsrecht für einige Jahre. Genauso hatten sie den «Immobilien-Deal» mit den Holländern verstanden. Dieses Mißverständnis blieb kein Einzelfall, sondern sollte sich in den kommenden Jahrzehnten und Jahrhunderten überall in Amerika tausendfach wiederholen. Die Konflikte waren dadurch natürlich vorprogrammiert. Für die Europäer war eines klar: Sie hatten für das Land bezahlt, und diese nackten Barbaren sollten jetzt gefälligst ihre Glasperlen zusammenklauben und sich von den rechtmäßig erworbenen Grundstücken scheren. Wenn die Wilden das nicht kapieren wollten, dann mußte man es ihnen eben mit Säbel, Bajonett und Blei ganz deutlich machen. Wenn sie dabei nicht nur vom gekauften Land verschwanden, sondern gleich ganz aus der Welt schieden – na um so besser!

Das war bei den Holländern nicht anders als bei allen anderen Europäern. Zunächst benannten sie ihre Siedlung, die bisher nach dem dort ansässigen Indianerstamm «Manhattan» geheißen hatte, in Neu-Amsterdam um und bauten Häuser, Grachten und Kirchen, errichteten Windmühlen und pflanzten Tulpen wie zu Hause. Sie trieben mit den Indianern ge-

Auch Holländer metzelten und «säuberten»

Peter Stuyvesants teures Holzbein

winnbringenden Handel und hatten mit deren Mädchen allerlei Kurzweil – und alsbald sie sich stark genug fühlten, schlugen sie zu und «räumten unter den Rothäuten so richtig auf». Das war auch 1643 der Fall. Mitten in der Nacht griffen die Holländer an und töteten mehr als 120 schlafende Männer, Frauen und Kinder. «*Säuglinge wurden von den Brüsten ihrer Mütter gerissen, mit Bajonetten durchbohrt und vor den Augen ihrer Eltern in Stücke gehackt und ins Feuer oder in den Fluß geworfen*», berichtet einer der gemäßigteren Kolonisten entsetzt.

Das Land war «gesäubert», der Handel florierte, die Kolonie gedieh. Um das Fort Oranje entstand unter dem reichen Diamantenhändler Rensselaer ein eigentliches amerikanisches Fürstentum namens Rensselaerwyck mit eigener Verwaltung, Gerichtsbarkeit und Armee. Man gründete einen weiteren Handelsposten im Connecticut-Tal, und 1655 kassierte man im Handstreich die schwedische Kolonie Delaware. Keine Frage, das Unternehmen war ein wirtschaftlicher Erfolg.

Nur eines fehlte eben: genügend Siedler. Mehr Zustrom als aus dem behaglichen Holland erhielt Neu-Amsterdam aus den strengen Puritanerkolonien Neuenglands. Ganze Dörfer sollen vor der Tyrannei der Fundamentalisten geflohen sein. Sie siedelten sich auf Long Island an und gelobten den Holländern ewige Loyalität. Da sie ihr Versprechen aber rasch und wiederholt vergaßen, und die Holländer den Fehler begingen, Verräter nicht zu hängen, waren diese Engländer eine ständige Bedrohung im Inneren der Kolonie.

Man versuchte es mit dem Kniff des Patronats: Jeder, der 50 holländische Kolonisten an den Hudson brachte, erhielt Ländereien an einem Flußabschnitt von 30 Kilometern mit einer Tiefe soweit es ihm beliebte. Und selbstherrliche Feudalrechte über Land und Siedler gab es obendrein. Allein, es wollte nicht helfen. Nicht einmal brauchbare Gouverneure ließen sich für die Kolonie gewinnen. Van Twiller war «so breit wie hoch, ungeschlacht, ein Dummkopf und Säufer», Kieft ließ die Indianer niedermetzeln, dachte nur an seine persönliche Bereicherung und bekam die Kolonie nicht in den Griff.

Doch 1647 trat Peter Stuyvesant auf den Plan – zu seiner Zeit bekannt durch sein Holzbein mit Silberintarsien, heute mehr durch die Zigarettenmarke. Ein fähiger, erfahrener und entschlossener Mann. «*Stolz wie ein Pfau*» stieg er vom Schiff, berichtet ein Zeitgenosse, «*als wäre er der Zar von Moskowien.*» Er wollte für Ordnung sorgen in der heruntergekommenen Kolonie, die Laster ausmerzen, aufbauen, befestigen und Einwanderer herbeischaffen. Leider mußte er trotz zäher Bemühungen zuletzt gar die vier Kanonen des Forts verpfänden, um die Verbindlichkeiten der Kolonie begleichen zu können.

Anfang 1664 platzte dann die Bombe. Wie ein Lauffeuer verbreitete sich die Nachricht: Der englische König Charles II. hatte seinem Bruder, dem Herzog von York, die gesamte Holländer-Kolonie geschenkt. Einfach so und in derselben selbstherrlichen Weise, wie einst die Potentaten das Land der Indianer verteilt hatten. Drei britische Kriegsschiffe tauchten im Hafen von Neu-Amsterdam auf. Stuyvesant wollte lieber sterben als aufgeben. Wahrscheinlich hätte er sogar eine reale Chance gehabt, beides nicht tun zu müssen, wenn seine Bürger

WEIL STUYVESANT NICHT SCHOSS, WURDE NEUHOLLAND BRITISCH

und Honoratioren auch nur halb so entschlossen gewesen wären wie er. Doch denen war es herzlich egal, ob sie unter holländischer oder englischer Oberhoheit ihre Geschäfte machten, solange sie nur ungestört wirken konnten. Zähneknirschend, stocksteif und mit brennender Lunte stand Stuyvesant neben den Kanonen, als die Schiffe in den Hafen einliefen, doch er feuerte sie nicht ab.

Von da an war Neuholland britisch. Aus Neu-Amsterdam wurde New York, die Heere Gracht wurde aufgefüllt und zur Broad Street, der Heere Weg wurde zum Broadway, und wo bisher der Befestigungswall verlaufen war, entstand nun die Wall Street. Ansonsten blieb eigentlich alles beim alten: New York blieb die weltoffene, kosmopolitische Stadt, die es schon als Neu-Amsterdam gewesen war, wo nicht weniger als 18 Sprachen gesprochen wurden. Es blieb eine Freistätte für Andersdenkende, Philisophen und Freigeister, eine Stadt voller Tavernen und Vergnügungsorte, eine reiche Metropole, in der (ganz im Gegensatz zu Neuengland) Pomp und Prunk zur Schau gestellt werden durften. Und vor allem: Es blieb und wurde nun erst recht das Tor zu Amerika.

Der Weg in die Unabhängigkeit

«Beim ersten Brotlaib erzieht man den Mann», lernen im Schwabenland die angehenden Ehefrauen von ihren Müttern. Denn hat einer erst einmal die Freiheit «verschmeckt», dann ist er nur schwer wieder an die Kandare zu nehmen. Nicht anders war es in Neuengland. Die Pilgrims hatten von Anfang an außerhalb des

KÖNIG CHARLES WILL GELD

Gültigkeitsbereiches ihrer Charta gesiedelt und sich als – de facto – autonom betrachtet. Winthrop und seine Puritaner hatten ihren Freibrief und die Verwaltungshoheit gleich mitgenommen und ließen den Treueid auf die Bay Company und ihre Beamten schwören, anstatt auf den König. 30 Jahre lang funktionierte dies gut, denn England hatte seine eigenen Probleme. Dort war man damit beschäftigt, König Charles I. den Kopf abzuschlagen und die Wirren im Zusammenhang mit der Machtübernahme Oliver Cromwells zu bekämpfen. Wer wollte sich da um dieses armselige Häufchen von Siedlern kümmern, die über 5 000 Kilometer von London entfernt in der Wildnis lebten und selbst kaum etwas zu beißen hatten?

Das änderte sich ganz allmählich, als die Kolonien Neuenglands damit begannen, durch ihren Seehandel erkleckliche Gewinne zu erwirtschaften. «Was taugen Kolonien, die nur in die eigene Tasche wirtschaften und der Krone keinen Penny einbringen?», fragte sich Charles II. nach seinem Amtsantritt 1660 sicherlich nicht zu Unrecht und ließ prompt die bereits 1651 erlassenen Navigationsakten, die dem Mutterland die Kontrolle über den Seehandel garantieren, erneuern und ergänzen. Allein, die Kolonisten hatten ihre Freiheit längst «verschmeckt». Frech ignorierten sie das königliche Gesetz und trieben weiterhin Handel mit wem sie wollten. Obendrein untergrub Charles seine eigene Autorität, als er 1662 den Siedlern im Connecticut-Tal und 1663 jenen von Rhode Island das Recht gewährte, ihre Regierung selbst zu wählen, und ihnen auch sonst beträchtliche Freiheit zugestand.

So konnte es nicht weitergehen. Die Kolo-

König James will Freibriefe zurück

Ständig Angriffe der Franzosen und Huronen

nien ignorierten die Souveränität Englands – allen voran das selbstherrliche Massachusetts. Dem mußte ein Riegel vorgeschoben werden. Charles selbst widerrief 1684, kurz vor seinem Tod, den Freibrief der Bay-Kolonie. Sein Bruder und Nachfolger James II., der Herzog von York, räumte dann gründlich auf. Er annullierte 1686 die den Kolonien garantierten Rechte und verschmolz alle englischen Gebiete zwischen Maine und New Jersey zu einem einheitlichen Dominion of New England. Joseph Dudley wurde der erste Vertreter der Krone in diesem Dominion. Doch er war selbst in Massachusetts aufgewachsen und ganz offensichtlich nicht in der Lage, jene Saiten aufzuziehen, die man in England von ihm erwartete. Es änderte sich gar nichts.

1687 wurde Sir Edmund Andros, bisher Gouverneur von New York, zum Generalgouverneur Neuenglands ernannt und ausgeschickt, die Freibriefe zu kassieren. Im Verfassungsstaat Connecticut hatte er allerdings Pech damit. Die Hartforder rückten das Dokument nicht heraus, sondern versteckten es im hohlen Stamm der berühmt gewordenen Charter-Eiche. Auch in Massachusetts machte sich der kirchentreue Anglikaner nicht beliebt. Daß er das Old South Meeting House in eine anglikanische Kirche umwandeln ließ, war für die Puritaner ein Schlag ins Gesicht. Und als er sich gar erdreistete, Steuern zu erheben, da brodelte der Volkszorn.

Kaum hatte sich 1689 die Nachricht verbreitet, daß James II. im Zuge der «Glorreichen Revolution» vom Thron gestürzt worden war, jagten die Bostoner auch Andros davon und hätten ihn ums Haar noch aufgeknüpft. Und was kam danach? Der Gouverneur wurde auch unter William III. vom König ernannt, der Freibrief wurde nicht zurückgegeben und die Macht der Theokratie sollte durch ein neues Wahlrecht gebrochen werden. Das hört sich zwar recht entschlossen an, doch in der Praxis war das Selbstbestimmungsrecht der Kolonien weitgehend wiederhergestellt. Plymouth wurde der Bay-Kolonie angegliedert; der Seehandel mit Sklaven, Rum und Rohrzucker florierte mehr denn je und brachte den Kaufleuten beträchtlichen Reichtum.

So ging es beim Weg in die Unabhängigkeit denn auch immer mehr um Steuern, Geld und Handelsrechte, als um die hehren Schlagworte «Freiheit» und «Demokratie», die man so plakativ auf die Fahnen schrieb. Das Verhältnis zwischen Kolonie und Mutterland gestaltete sich noch während einer ganzen Generation ziemlich ruhig und war von gegenseitigem Respekt gekennzeichnet.

Vielleicht aber eher deshalb, weil beide Parteien zu sehr mit den ständigen Angriffen der Franzosen und der mit ihnen verbündeten Huronen beschäftigt waren. Aus dem Gleichgewicht geriet das Verhältnis jedenfalls erst nach Ende des «French and Indian War». Der Sieg über Frankreich machte Großbritannien zur führenden Kolonialmacht in Nordamerika und stärkte das britische Empire-Streben – aber auch das Selbstbewußtsein der Siedler. Außerdem hatte der Krieg Geld gekostet, das man jetzt durch Steuern wieder eintreiben wollte, vor allem in den Kolonien, die ja schließlich von diesem Sieg profitierten. Explosiv wurde die Mischung im Jahre 1760 durch die Thronbesteigung Georges III., dessen Kolonialpolitik sich durch ein ungewöhnliches Maß an Ungeschick auszeichnete sowie

Nur 15 Prozent mit Wahlrecht

Statt Teesteuer Tee aus Salbei, Wegerich und Korinthen

durch mangelndes Fingerspitzengefühl, Unwissenheit und britischen Dünkel.

Es folgte ein sich ständig zuspitzendes Wechselspiel in drei Schritten: 1. Besteuerung 2. Proteste und Boykott 3. Rücknahme der Steuern. Das Tauziehen begann mit dem sogenannten Zuckergesetz (Einfuhrzölle auf Zucker, Textilien, Kaffee, Wein etc.) von 1764. Dann folgte 1765 das noch kritischere Stempelsteuergesetz (Stamp Act) mit Steuern auf alle Druckerzeugnisse (aufgehoben 1766) und 1768 die Townshend-Gesetze (Einfuhrzölle auf Glas, Papier, Blei, Farbe und Tee).

Daß die Kolonien keinerlei Vertretung im britischen Parlament besaßen und diese Steuern daher über ihre Köpfe hinweg beschlossen worden waren, traf die Söhne der Freiheit an der empfindlichsten Stelle (vom Geldbeutel vielleicht einmal abgesehen). «*No taxation without representation!*» brüllten die Bostoner (keine Besteuerung ohne Vertretung). Ein Slogan, der zur Hauptforderung der Revolution hochstilisiert wurde. Dabei waren in der eigenen Volksversammlung von Massachusetts nur etwa 16 Prozent der Bevölkerung vertreten – die übrigen besaßen mangels Grundbesitz kein Wahlrecht! Im übrigen wären die Kolonisten mit einer Vertretung im Parlament kein bißchen besser gestellt gewesen, denn die europäische Mehrheit hätte sie doch jederzeit überstimmt. Und das wußten sie. Mit der lautstarken Forderung nach Repräsentation kaschierten sie viel eher ihr eigentliches Anliegen: die Steuerfreiheit.

Die Steuerfrage verschärfte zunehmend die Spannungen zwischen der Kolonie und England. Die Protestbewegung der «Sons of Liberty» und ihre Anführer John Hancock, Samuel Adams und Paul Revere gossen Öl ins Feuer wo immer sie konnten. Jetzt mußte man bereits zwei Regimenter nach Boston schicken, um die Regierungsorgane vor Tätlichkeiten zu schützen. Verständlicherweise wurden sie dort nicht gerade freundlich empfangen. Am 5. März 1770 rotteten sich einige hundert Bostoner zusammen und nahmen ein Häuflein Soldaten in die Zange. Schneebälle flogen, dann Steine. Die Rotröcke bangten um ihr Leben und feuerten in die Menge. Fünf Zivilisten wurden getötet. Die Revolution hatte ihr «Boston-Massaker» und Boston seine ersten Märtyrer. Daß die Soldaten im folgenden Prozeß völlig entlastet wurden, das kümmerte niemanden mehr. Am gleichen Tag, an dem es in Boston zum Massaker kam, wurde übrigens in London das Townshend-Gesetz wieder aufgehoben – bis auf die Teesteuer! Die Söhne der Freiheit hätten sich dieses Erfolges freuen können, doch sie spien Gift und Galle. Dabei wurde längst steuerfreier Tee von Holland eingeschmuggelt und wenn dieser zu knapp war, trank man «Liberty Tea» (ein hausgemachtes Gebräu aus Salbei, Wegerich und Korinthen).

Und dann geschah eines der seltsamsten Ereignisse der an Widersprüchen sicher nicht armen Entwicklung. Ausgerechnet ein Gesetz, das den Kolonisten beträchtliche Zugeständnisse machte, wurde zum direkten Anlaß für jenen Vorfall, den man allgemein als den Beginn der amerikanischen Revolution betrachtet: die Boston Tea Party! Eben jene Boston Tea Party, die uns aus dem Englischunterricht so sattsam bekannt ist – und den Amerikanern aus ihrem Geschichtsunterricht noch viel sattsamer – die aber selbst in Geschichtsbüchern oft sehr verwirrend dargestellt wird und bei näherem Hin-

MAINER WARFEN TEE NICHT INS MEER, SONDERN NAHMEN IHN NACH HAUSE

DIE HÄLFTE WOLLTE BEI ENGLAND BLEIBEN

sehen zunächst nur Rätsel aufgibt. Was war der Anlaß? Das Teegesetz von 1773 natürlich. Und welche Steuer wurde dabei erhoben? Gar keine! Im Gegenteil: Die Teesteuer wurde bis auf einen symbolischen Betrag gestrichen! Und was war es dann, das die Kolonisten so aufbrachte? Da hört die Schulweisheit auf, denn das paßt nun gar nicht mehr ins Bild und steht für gewöhnlich auch in keinem Schulbuch.

Tatsächlich unterbot der sehr niedrige Teepreis die Schmuggler, und die regelrechte Teeschwemme drohte den bisher so lukrativen Schwarzmarkt ganz zu zerstören. So war das! Und «Fürst der Schmuggler» war – welch seltsamer Zufall – gerade John Hancock, jener glorreiche Volksheld und oberster Sohn der Freiheit. Er malte den Teufel des Monopols an die Wand und riß die Massen mit sich. Die romantische Geschichte von den als Indianern verkleideten «Teeballen-ins-Meer-Werfern» ist dann die allgemein bekannte aus dem Englischunterricht (weniger bekannt ist, daß nach Bostoner Vorbild auch die New Yorker etwas Tee in ihren Hafen warfen, und daß die praktisch veranlagten Mainer in York bei ihrer Variante der «Tea Party» die Ballen nicht ins Meer stürzten, sondern mit nach Hause nahmen). Daß eine so hehre Tat wie die Boston Tea Party nur stattgefunden haben soll, um Amerikas Schmuggler vor dem wirtschaftlichen Ruin zu retten – nun, das wird man doch ernsthaft keiner unschuldigen Pennälerseele zumuten wollen. Und dem amerikanischen Geschichtsbild schon gar nicht.

Jetzt gab es kein Zurück mehr. In Boston brodelte – wie von Hancock und Adams geplant – der Volkszorn. In London wiederum konnte man sich dergleichen Unverschämtheiten nicht gefallen lassen und reagierte mit der Boston Port Bill (Sperrung des Hafens und Verlegung der Zollbehörde nach Salem) und mit den Intolerable oder Coercive Acts: Die gewählte Regierung von Massachusetts wurde aufgelöst und durch eine von der Krone ernannte ersetzt. Straftäter konnten in gewissen Fällen außerhalb der Kolonie vor Gericht gestellt werden, die Zwangseinquartierung in Privathäuser wurde beschlossen und Thomas Gage, der bisherige Oberkommandierende der britischen Streitkräfte, wurde als Militärgouverneur eingesetzt, um den als zu lax geltenden Hutchinson abzulösen.

Obendrein wurde zur gleichen Zeit durch den Quebec Act die französischsprachige Provinz bis an den Ohio ausgedehnt und ihrer katholischen Kirche wurden Privilegien zugestanden. Dieses Gesetz hatte mit den britischen Strafmaßnahmen nichts zu tun, kam aber den Falken in Boston sehr gelegen. Die Söhne der Freiheit schäumten und täuschten mit ihren flammenden Reden darüber hinweg, daß längst nicht alle Amerikaner die Unabhängigkeit anstrebten. Mindestens die Hälfte – eher noch mehr – wollte als Königstreue bei der Krone bleiben oder zumindest den Konflikt möglichst rasch und gütlich beilegen.

Hätten die Briten es verstanden, diese Kräfte zu einigen und zu mobilisieren, dann wäre vielleicht alles anders gekommen. Aber Gage war Soldat und kein Diplomat. So hörte man nur die Falken, und die britischen Maßnahmen waren Wasser auf deren Mühlen. Sie waren es, die ihre Kräfte einigten und mobilisierten. Schon 1772/73 waren in den einzelnen Kolonien Korrespondenzausschüsse gebildet worden, um Proteste und Boykottmaßnahmen zu koordinieren. Jetzt galt es, den Schulterschluß aller Kolonien zu sichern. Am 5. September 1774 kam in Philadelphia der «Erste Kontinentalkongreß» zusammen. Die so unterschiedlichen Gruppen und gegensätzlichen Lager hatten Mühe, einen Konsens zu finden, trafen aber schließlich eine folgenschwere Entscheidung: Sie riefen zur Bildung einer Kolonialarmee auf. «Bürger zu den Waffen!» hieß die Parole. Miliztruppen wurden aufgestellt – sogenannte «Minutemen», die jederzeit kampfbereit waren – und Waffen sowie Munition wurden gehortet. Jetzt fehlte nur noch der Zündfunke.

Im April 1775 erhielt Gage Nachricht von einem Waffenlager der Rebellen in Concord, etwa 30 Kilometer außerhalb von Boston, und er entsandte eine Truppe von 750 Rotröcken, um die Waffen zu beschlagnahmen. Doch auch die Patrioten hatten ihre Spione, die mit Laternensignalen vom Turm der North Church das bevorstehende Ausrücken der Truppen mitteilten. Paul Revere, ihr Bostoner Meldereiter, galoppierte auf seinem durch Longfellow verherrlichten «Mitternachtsritt» in Richtung Concord, um die Minutemen zu alarmieren. Schon in Lexington stellten sich den vorrückenden Rotröcken 70 Freiwillige in den Weg. Sie konnten natürlich die zehnfache Übermacht gut ausgebildeter Berufssoldaten nicht aufhalten. Minuten später lagen acht Minutemen in ihrem Blut, und die Briten marschierten nach Concord.

Sie fanden nur wenige Waffen, da die Rebellen die meisten bereits in Sicherheit gebracht hatten. Dafür stießen sie an der North Bridge mit einer zahlenmäßig weit stärkeren Truppe der Milizen zusammen. Dort wurde schließlich der legendäre Schuß abgefeuert, der um die ganze Welt hallen sollte, wie Ralph Waldo Emerson in seiner «Concord Hymne» schrieb. Der Unabhängigkeitskrieg hatte begonnen. Die Rotröcke stürmten in wilder Flucht davon. Ihr Rückzug nach Boston wurde zum Spießrutenlauf. Entlang den Straßen lauerten jetzt überall die Minutemen und beschossen sie aus dem Hinterhalt. Bis zum Abend waren 73 Briten tot, 174 verwundet und 26 vermißt. Die Rebellen hatten ihren ersten Sieg. Sie hatten die Erfahrung gemacht, daß sie trotz fehlender Ausbildung und Organisation in der Lage waren, sich der britischen Armee erfolgreich in den Weg zu stellen. Und zugleich hatten sie noch Futter für ihre Propagandakanonen. *«Die von den britischen Truppen angerichteten Verwüstungen spotten jeder Beschreibung»*, hetzten sie. *«Wohnhäuser wurden niedergebrannt, Wöchnerinnen auf die Straße getrieben und wehrlose alte Männer erschossen!»* An einen Kompromiß war nicht mehr zu denken.

Die Patrioten zogen einen Ring um Boston und schlossen die britischen Streitkräfte ein. Im Mai eroberte Ethan Allen mit seinen Green Mountain Boys auf der New Yorker Seite des Lake Champlain das Fort Ticonderoga von den völlig ahnungslosen Briten und versorgte so die Amerikaner mit den dringend benötigten Kanonen. Im Juni versuchten die Briten den Belagerungsring um Boston zu durchbrechen und erlitten in der berühmten Schlacht von Bunker Hill schwere Verluste, ehe den Rebellen beim dritten Ansturm der Briten schließlich die Munition ausging. Die Belagerung wurde dennoch aufrechterhalten.

Im Mai 1775 trat der Kontinentalkongreß ein zweites Mal zusammen. Wichtigste Aufgabe war es nun, die bisher recht wilden und unko-

Briten kaufen 30 000 deutsche Söldner

ordinierten Miliztruppen der einzelnen Kolonien zu einer ordentlichen Armee zusammenzufassen. Diese wurden unter den Befehl des Virginiers George Washington gestellt. Mit dessen Drill und den Kanonen von Ticonderoga gelang es schließlich, die Briten aus Boston zu verjagen. Am 17. März 1776 gingen 9 000 Rotröcke und etwa 1 000 königstreue Zivilisten an Bord der Schiffe, segelten nach Halifax und kehrten nie wieder zurück.

Am 4. Juli 1776 unterzeichnete der Kontinentalkongreß die von Thomas Jefferson entworfene Unabhängigkeitserklärung. Auf Long Island mußte Washington jedoch eine Niederlage hinnehmen. Kurz nach der Unabhängigkeitserklärung eroberten die Briten New York, machten es zu einem Zufluchtsort der Loyalisten und hielten die Stadt bis zum Ende des Unabhängigkeitskrieges in ihrer Gewalt.

Die Briten verstärkten ihre Truppen durch rund 30 000 deutsche Söldner, die sie verschiedenen Landesvätern abkauften. Mehr als die Hälfte davon verhökerte ihnen Landgraf Friedrich II. von Hessen-Kassel, was den deutschen Söldnern in den Kolonien den Spitznamen «Hessians» eintrug. Mit Flugblättern und Landversprechungen wurden sie zum Überlaufen aufgefordert. Die Rebellen wiederum erhielten europäische Unterstützung durch erfahrene Offiziere – wie Lafayette und den in New York noch heute gefeierten Wilhelm von Steuben – und später auch durch französische Truppen. Insgesamt noch fünf Jahre – bis 1781 – sollte der Unabhängigkeitskrieg dauern, ehe die britischen Truppen nach dem amerikanischen Sieg von Yorktown kapitulierten und König George III. die Unabhängigkeit der Kolonien anerkannte. Doch bereits nach der Vertreibung der Briten aus Boston verlagerten sich die Kämpfe in die Südstaaten und betrafen Neuengland nur mehr indirekt. Die Neuengland-Kolonien hatten ihre Unabhängigkeit de facto schon 1776 erlangt – abgesehen von Newport (Rhode Island), das erst im Oktober 1779 befreit wurde.

Unabhängig, aber noch lange nicht vereinigt

Der Weg in die Einheit

Aus Kolonien waren Staaten geworden. Doch wer die liebgewordene Vorstellung hegt, die 13 Kolonien hätten ihre Unabhängigkeit erklärt, die Briten verjagt und wären dann am nächsten Morgen als die Vereinigten Staaten von Amerika aufgewacht, der irrt gewaltig. Vereinigt war vorerst so gut wie gar nichts. Die Kolonien hatten zu lange und zu zäh für ihre Unabhängigkeit gestritten, um sie jetzt über Nacht widerspruchslos an eine Zentralregierung abzutreten – und wenn sie hundertmal selbstgewählt sein sollte. Der Krieg war vorbei, aber die Revolution noch lange nicht.

Wohl hatten die Neuengländer sehr früh bemerkt, daß es zu Notzeiten vorteilhaft war, sich zusammenzuschließen. Bereits 1643 hatten sie sich als Folge der Indianerkriege zu einem losen Bund zusammengeschlossen, den sie die «Vereinigten Kolonien von Neuengland» nannten. Aber kaum war der äußere Druck gewichen, da machte sich jeder flugs daran, wieder sein eigenes Süppchen zu rühren. Nach dem gemeinsamen Sieg über die Engländer hätte es genauso gehen können.

Am 1. März 1781 traten zwar die bereits 1777 beschlossenen «Articles of Confederation» und eine «ewige Union» in Kraft. Theoretisch konnte also bereits von so etwas wie den «Vereinigten Staaten» die Rede sein. Doch noch immer war der Kongreß zu schwach, um die Außenwirtschaft zu koordinieren und die Kriegsschulden zu tilgen. Zumindest bis 1788 gab es 13 souveräne Einzelstaaten, die im Kontinentalkongreß um eine Verfassung des Staatenbundes (Articles of Confederation) rangen. Erst nach langem Hin und Her und allerlei taktischen Winkelzügen wurde im September 1788 die Bundesverfassung angenommen. Das eigensinnige kleine Rhode Island hatte sie bei mehr als einem Dutzend Abstimmungen zu Fall gebracht und unterzeichnete sie erst 1790, nachdem die Bill of Rights hinzugefügt worden war: die zehn ersten Zusatzartikel (amendments). New York wurde zum vorläufigen Sitz der Bundesorgane, und zum ersten Präsidenten der Vereinigten Staaten wurde 1789 George Washington gewählt.

Wirtschaft: Wale, Sklaven, Fisch und Rum

Es gibt wohl nur etwas, das den Millionären von Newport und Boston noch wichtiger ist als ihre Dollars: der Stolz nämlich, als waschechte Yankees ihren Stammbaum auf einen der Mayflower-Pilgrims zurückführen zu können. Dabei bedenkt freilich keiner von ihnen, daß jene Pilgerväter allesamt arme Schlucker waren. Und doch haben die Pilgerväter und Winthrops Puritaner etwas in die Neue Welt gebracht, das den Reichtum Neuenglands begründen sollte und vielleicht sogar die Wirtschaftsmacht der heutigen USA: den Puritanismus und seine strenge Arbeitsmoral.

Das Meer hat sie in die Neue Welt getragen, und das Meer sollte zur Grundlage des neuenglischen Reichtums werden. «*Ja, all diese stattlichen Häuser und blühenden Gärten kommen aus dem Atlantik ...* Samt und sonders wurden sie mit der Harpune aus der Tiefe des Meeres heraufgezogen», schrieb Melville angesichts der Patriziervillen von New Bedford. Cape Cod hieß der erste Landepunkt der Pilgrims schon damals, zu deutsch: Kabeljau-Kap. Und Fisch, Kabeljau, war es, der die frisch gebackenen Neuengländer ernährte, bis ihre ersten Maiskolben reiften. Ja, selbst den Mais düngten sie mit Fisch, denn das Land war karg und wenig fruchtbar. Um jedes gepflanzte Maiskorn sollten sie drei Heringe legen, so lehrte sie Squanto, angeordnet wie die Speichen eines Rades und mit den Köpfen zur Mitte hin. Kabeljau, Clams (Muscheln) und Hummer sind bis heute Markenzeichen der neuenglischen Küste (und Küche) geblieben, und ein vergoldeter Sacred Cod (Heiliger Kabeljau) ziert seit der Unabhängigkeit das State House in Boston.

«Da bläst er!»

Rasch entdeckten die Pilgrims, daß im Meer direkt vor ihrer Haustür noch dickere Fische zu holen waren: Wale zogen auf ihren jährlichen Wanderungen mehrmals am Kap und an der neuenglischen Küste entlang. Wieder waren es die Indianer, die den unbeholfenen Neuankömmlingen beibrachten, wie man diesen Reichtum des Meeres mit der Harpune erntet. Während die Pilgerväter in den Meeresriesen noch wie die Indianer vor allem Nahrung sahen, um die meist leeren Töpfe zu füllen, ent-

Walfang erste Grossindustrie der Neuen Welt

deckten ihre aufgeweckten Pilgersöhne, daß diese Tiere schwimmende Rohstofflager darstellten: Ölquellen! Fast 200 Jahre lang erleuchteten Kerzen aus Walfett und Lampen mit Tran aus Neuengland die Häuser in ganz Europa, bis schließlich Mitte letzten Jahrhunderts zum ersten Mal aus Erdöl das billigere Kerosin raffiniert wurde. Daneben wurden die Barten der Meeressäuger, das sogenannte «Walbein», zu Korsettstangen verarbeitet und für die Damenwelt unverzichtbar.

Der Walfang entwickelte sich rasch zur ersten Großindustrie der Neuen Welt. Und die gewitzten Yankees verstanden es, sich das Monopol zu sichern. Zunächst wurde die Insel Nantucket und – als deren versandendes Fahrwasser den immer größeren Walfängern nicht mehr tief genug war – das Städtchen New Bedford zu Weltzentren der Walindustrie. «*Lucem diffundo*» (ich verbreite das Licht), lautete das Motto im Stadtwappen New Bedfords, und die New Bedforder nahmen das sehr wörtlich.

Längst hatten sie ihre Küste verlassen und jagten die riesigen Meeressäuger vom Pazifik und der Südsee bis ins nördliche Eismeer hinauf. 80 Prozent aller Fangschiffe kamen aus Neuengland: annähernd 700 Schiffe mit 20 000 Seeleuten. Noch einmal 50 000 Menschen waren damit beschäftigt, das «Rohmaterial» an Land weiter zu verarbeiten.

Die Wale des Nordkaps und Grönlands waren die «richtigen Wale», weil sie nicht untergingen, wenn man sie getötet hatte. Nachdem sie bereits stark dezimiert waren, hielt man auch nach anderen Arten Ausschau. 1712 wagte sich Kapitän Christopher Hussey aus Nantucket erstmals an das gefürchtetste der Meeresungeheuer heran, den Pottwal: 50 Tonnen schwer,

Parfüm aus Wal-Gedärm

fast 20 Meter lang, mit gewaltigem Schädel und mächtigen Zähnen. Eine riesenhafte Höhlung im Kopf (der «Pott») enthielt eine unbekannte ölige Flüssigkeit, die man – ungeachtet der Tatsache, daß beide Geschlechter damit ausgestattet sind – als das Sperma des Wales bezeichnete (daher auch Spermwale) und unter dem Namen Spermaceti verkaufte. Der eigenartige auch «Walrat» genannte Stoff brauchte nicht mühsam ausgekocht, sondern nur herausgeschöpft zu werden. An der Luft erstarrte er zu einem feinen, duftenden Wachs, das die besten Kerzen ergab und sich als äußerst gewinnbringend erwies. Noch wertvoller war das Ambra, eine wachsähnliche Substanz aus dem Gedärm des Tieres, die für die Parfümherstellung unersetzlich war. Bereits ein einziger Pottwal deckte die Kosten der langen Schiffsreise; bis zu 20 000 dieser Meeressäuger wurden pro Jahr erlegt!

«*Thar she blo-o-ows!*», hallte der Ruf über alle sieben Meere, wenn der Ausguck im Mastkorb die verräterischen Atemfontänen entdeckt hatte. «Da bläst er!» Und: «Der Kamin brennt!», brüllten sie jubelnd, wenn der Blas (die Fontäne) des getroffenen Tieres sich vom Blut rot färbte. Dann jedoch hieß es aufpassen, denn die Riesen wurden von kleinen Ruderbooten aus harpuniert. Und keiner wußte, wie sie reagieren würden. Sie konnten in große Tiefen tauchen, so daß man blitzschnell die Taue kappen mußte. Oder sie konnten angreifen und das Boot zu Kleinholz zertrümmern.

«*Ein toter Wal oder ein zerschlagenes Boot*», steht auf dem Walfängerdenkmal in New Bedford. Bei etwas mehr Glück für die Besatzung schwammen die 50-Tonnen-Giganten mit einer Geschwindigkeit von bis zu 30 Kilometer davon und rissen die 6–8 Männer in ihrer

Melvilles makabrer Vergleich

Nußschale durch Wellen und Gischt hinter sich her – was man dann eine «Nantucket Schlittenfahrt» nannte. War der Wal mit mehreren Harpunen im Leib ermattet, versetzten sie ihm den Todesstoß und ruderten ihn zum Schiff zurück. Dort wurden auf Deck riesige Kessel eingeheizt, um aus dem Walspeck Tran zu kochen. Es qualmte, rußte und stank, daß Gott erbarm. Einen «wilden Hindugestank» nannte das Melville, der selbst zwei Jahre lang auf einem Walfänger fuhr, und verglich den penetranten Geruch mit dem Duft indischer Witwen, nachdem sie ihrem Gemahl auf den Scheiterhaufen gefolgt waren.

Ab Mitte des 18. Jahrhunderts wurden die Schiffe mit sogenannten «Tryworks» (Anlagen zur Weiterverarbeitung des Trans) ausgestattet, so daß sie als «schwimmende Fabriken» lange Zeit vom Festland unabhängig waren. Die «Lagoda» brachte von einer einzigen Fahrt Öl im Rekordwert von über 200 000 Dollar nach Hause. Bis zu 10 Millionen wurden pro Jahr umgesetzt. Der Reichtum schien kein Ende zu nehmen. 1857 waren im Hafen von New Bedford allein 330 Schiffe im Wert von 12 Millionen Dollar registriert. Doch nur acht Jahre später war praktisch keines mehr davon übrig. Über Nacht war der Walfang zusammengebrochen. Warum? Erdöl, Bürgerkrieg und die Ausrottung der Wale hatten dem Segen ein plötzliches Ende gesetzt.

Heute machen die Neuengländer wieder goldene Geschäfte mit ihren Walen. Sie haben herausgefunden, daß die speckigen Kolosse lebendig noch mehr wert sind als tot. «Whale watching» heißt das Zauberwort. Überall entlang der Küste fahren Ausflugsboote die Touristen aufs Meer hinaus, um die gutmütigen Ungetüme zu beobachten und zu fotografieren. «Thar she blows!», heißt es auch heute wieder, und für die Whale-watching-Tickets wird in Neuengland insgesamt mehr als doppelt soviel ausgegeben, wie die Waljagd zu ihrer besten Zeit eingebracht hat.

Neuenglands Werften bauten die schnellsten Schiffe

Schiffsbau, Seehandel und Dreiecksgeschäfte

Von Anfang an hat das Meer auch andere Industriezweige hervorgebracht und gefördert. Das einzige, was auf neuenglischen Böden in exzellenter Qualität gedieh, waren Bäume: endlose Wälder mit hohen Stämmen und so gerade gewachsen, daß selbst eine Landratte bei ihrem Anblick sofort an Schiffsmaste denken muß. Genau das wurden sie dann auch – zu Tausenden. Die größten und dicksten Stämme reservierte sich die Krone (Admiral Nelsons ruhmreiche Flotte war zu mehr als 80 Prozent aus Neuengland bestückt). Die übrigen wurden neben Schnittholz zu einem wichtigen Exportartikel.

Natürlich bauten die Neuengländer auch selbst Schiffe. Schon im Juli 1631 ließ Winthrop das erste in Massachusetts gezimmerte Seeschiff vom Stapel laufen: den 30-Tonnen-Segler «Blessing of the Bay». Bald schon war der Schiffsbau einer der wichtigsten Industriezweige. Die Schoner und Clipper von den Werften Neuenglands galten als die schnellsten und seetüchtigsten der Welt und wurden in viele Länder verkauft.

Wer aber Schiffe baut und das Meer vor der Haustür hat (mit zahllosen Naturhäfen obendrein), der müßte mehr als dumm sein, würde er nicht die Chancen des Seehandels erkennen. Zunächst wurde das Meer als natürliche Straße für den Küstenhandel zwischen den Kolonien genutzt, denn andere Straßen gab es nicht. Dann begann man damit, alles, was man nicht selbst herstellen konnte, aus Europa zu holen, anstatt es sich von dort bringen zu lassen. Und schließlich wurden immer mehr Waren hergestellt, die man exportieren konnte – von Eisblöcken aus den Seen Neuenglands, die in Sägemehl verpackt bis nach Südamerika und Asien transportiert wurden, um die Drinks der Kolonialherren zu kühlen, bis zu Bauholz aus den Wäldern Maines, Baumwollstoffen aus Massachusetts und Gewehren aus Connecticut.

Den wahren Goldesel aber entdeckte man Anfang des 18. Jahrhunderts: den sogenannten «Dreieckshandel» zwischen Neuengland, Westafrika und den Westindischen Inseln. Was für den Walfang New Bedford war, das wurde für den Seehandel nun Newport. Die Sache war genauso lukrativ und sie funktionierte folgendermaßen: Die Schoner aus Newport wurden in Boston mit Rum beladen und segelten nach Westafrika, wo sie den Rum gegen Sklaven eintauschten. Dann ging es in die Karibik, um das menschliche «Frachtgut» mit hohem Gewinn zu verkaufen und dafür Zuckerrohr und Melasse zu erwerben. Diese wiederum verfrachtete man zurück nach Boston, wo Rum daraus destilliert wurde, womit sich der Kreislauf wieder schloß. Auf diese Weise haben die Neuenglandstaaten, die später so vehement gegen die Sklaverei zu Felde ziehen sollten, möglicherweise noch größere Profite aus dem Menschenhandel geschlagen, als die Südstaaten, auf die sie mit Fingern zeigten. Auch daß der Dreieckshandel gegen britische Gesetze verstieß und nur durch Bestechung und Schmuggel funktionierte, schien die Yankees wenig zu stören.

Der Unabhängigkeitskrieg brachte dem Seehandel schwere Einbußen, und danach war es vorbei mit den fetten Schmuggelgewinnen. Dafür erschlossen sich die rührigen Yankee-Skipper nun den womöglich noch einträglicheren Handel mit China und Indien und läuteten damit das goldene Zeitalter des amerikanischen Seehandels ein.

Seehandel und Walfang machten aber nicht nur die Schiffseigner, Kaufleute und Werften reich, sondern noch weitere Kreise. Segel wurden benötigt und Seile (allein 4000 Meter für ein größeres Schiff), Fässer, um die riesigen Mengen an Walöl aufzunehmen, Harpunen, Tran-Kessel und andere Metallwaren. Die Gewinne aus Walöl und Sklavenhandel wurden wiederum in prachtvolle Häuser, Möbel und Kleidung investiert, so daß letztlich bis zum Schmied und Schuster jeder davon profitierte.

Yankee Ingenuity und Versicherungen

Doch nicht nur zur See und zwischen den Staaten blühte der Handel, auch zwischen den einzelnen Kolonien gab es bald einiges zu vertreiben. Die findigen Neuengländer, ständig am Tüfteln und Improvisieren, fabrizierten hundert nützliche Dinge, die einen Abnehmer finden mußten. So entstand der Handlungsreisende, der «Carpetbagger» (wegen seiner großen Teppichtaschen) oder «Yankee Pedlar», für den besonders Connecticut bekannt wur-

NEUENGLÄNDER ERFANDEN BLITZABLEITER, GLÜHBIRNE, DAMPFSCHIFF, ... NÄHMASCHINE, TELEFON, TROMMELREVOLVER UND REISEVERSICHERUNG

de. Daß diese Yankee-Händler nicht immer nur seriöse Ware feilboten, sondern auch Ramsch und wirkungslose Wunderpillen und daß sie anstelle der teuren Muskatnüsse kunstvoll geschnitzte Nachbildungen aus Holz verhökerten, das trug ihnen gelegentlich einen schlechten Ruf ein und ihrem Staat den Spitznamen «Nutmeg State» (Muskatnuß-Staat).

«Yankee ingenuity» (Fantasie und Ideenreichtum) hingegen verwandelte das Gesicht zunächst der Neuen und dann der ganzen Welt. Die Erfinder, Tüftler und Spanschnitzer haben Neuengland zur Lehrwerkstatt der Nation gemacht und zur Keimzelle der amerikanischen Industrie. Sie erfanden die Glühbirne, den Blitzableiter und das Telefon, das Dampfschiff und die Nähmaschine, den Gummireifen und den Elektromotor, den Trommelrevolver und das Atom-U-Boot. Namen wie Franklin, Edison, Bell und Colt haben ihren Klang bis heute nicht verloren. Ja, die Erfindung bestimmter Maschinen (wie der Entkernungsmaschine für Baumwolle) und die Entwicklung der Serienfabrikation mit austauschbaren Teilen haben unsere heutige Massenproduktion erst möglich gemacht.

Wiederum die Schiffahrt war die Mutter einer neuen, gewinnbringenden Branche, die in Neuengland bis heute Tausende nährt und Dutzende reich werden läßt: die Versicherungen. Manches Schiff kehrte nie wieder zurück und seine wertvolle Ladung endete auf dem Meeresgrund oder in den Händen von Freibeutern. Um sich gegen solche wirtschaftlichen Tiefschläge zu schützen, begannen die Schiffseigner und Kaufleute gegen Ende des 18. Jahrhunderts damit, Versicherungen abzuschließen. Danach kam die große Zeit der Feuerversicherungen, denn Häuser wurden damals überwiegend aus Holz errichtet. Führend in dieser Branche war New York, gefolgt von Hartford (Connecticut). Doch nach einem Großbrand im Jahre 1835, bei dem über 600 Gebäude zerstört wurden, mußten viele New Yorker Versicherer Konkurs anmelden. Die Hartforder hingegen konnten alle Forderungen ihrer Kunden begleichen. Ähnliche Fälle in Boston und Chicago und schließlich das Erdbeben in San Francisco von 1906, stärkten das Vertrauen in die Hartforder und machten ihre Stadt zur Versicherungshauptstadt der USA. Über 40 Gesellschaften sind dort heute angesiedelt und beschäftigen mehr als 10 Prozent der Bevölkerung.

Richtungsweisend waren die cleveren Connecticut-Yankees schließlich mit ihren Personenversicherungen. Zuvor hatte man nur Waren und Immobilien versichert, doch keine Menschen! Davon gab es genug und die wuchsen von alleine nach. In Neuengland war die Lage jedoch anders als im alten England: Hier gab es Rohstoffe im Überfluß, während Arbeitskräfte immer knapp und teuer waren. Wohl nicht zuletzt deshalb begann man im Mutterland des Individualismus, den einzelnen Menschen anders zu bewerten. Hinzu kam, daß die Connecticuter als Händler viel unterwegs sein mußten. So gründete James Batterson 1864 die erste Reiseversicherung. In den Zwanzigerjahren unseres Jahrhunderts wurde dann der wahre Goldesel entdeckt: die Lebensversicherung. Die Städte waren voll von Fabrikarbeitern, die um ihre Familien besorgt waren: «Was wird aus unseren Kindern, falls mir etwas passiert?» Mit niedrigen Beiträgen beginnend, verkauften die Versicherungen zigtausende von Policen.

Textfortsetzung S. 89

Der gigantische Granitsteinbruch von Barre, Vermont

Ein ländliches Anwesen im zentralen Vermont

Wilson Castle bei Proctor, erbaut im 19. Jahrhundert, für Besucher zugänglich (Vermont)

Vermont ist nicht nur bei Sonnenschein malerisch. Hier am Willoughby-See

Museumdorf bei Plymouth, Vermont. Dieser Ort war das Zuhause des einstigen Präsidenten Calvin Coolidge

Sommerfreuden bei Tyson, Vermont

Green River im südlichen Vermont. Romantische Örtchen wie dieses gibt es in diesem Staat in zahlloser Auflage

Märchenhafte Residenzen der Zurückgezogenheit entlang der Straße Nr. 100 südlich von Bridgewater. Diese Straße zieht sich von Nord nach Süd und beinhaltet in etwa alles, was Vermont zu bieten hat

Ein stiller Regentag am Lake Champlain, Vermont. Es kursieren Geschichten, daß dort ein Ungeheuer sein Unwesen treibt. Wahrscheinlich haben sich einige Heimwehschotten in der Gegend niedergelassen

von oben nach unten:
– Granitbearbeitung in Barre, Vermont
– Amerika, Amerika – hier im Dorf Jamaica, Vermont
– Haloween
– In Amerikas ältestem Laden, Bath, New Hampshire
– Alle Präsidenten Amerikas in Marmor, Proctor, Vermont
– In der Jagdzeit nützt auch Bärenstärke nichts
– Die Bibliothek in Derby Line. Der schwarze Strich ist die Grenze zwischen Amerika und Kanada (Vermont/Quebec)
– Überbleibsel aus einer gemächlicheren Zeit

Der Herbst ist Erntezeit und Kürbiszeit. Eine Momentaufnahme in Bath, New Hampshire

nächste Doppelseite: Wie ein Traum aus dem Bilderbuch. Im südlichen Vermont

übernächste Doppelseite: Wo der Baukreativität keine phantasietötenden Auflagen im Wege stehen (Vermont)

Herbstmorgen im County Windsor, Vermont

Blick vom Okemo Mountain auf den Mount Ascutney, beides beliebte Wintersportorte in Vermont

Aussicht von Vermonts höchster Erhebung, dem Mount Mansfield mit knapp 1 400 Meter Höhe

Herbstmorgen im zentralen Vermont

Frühlings-
impression
bei Quechee
Vermont

Sumac-
Büsche mit
intensiver
Herbstverfär
bung
(Massachu-
setts)

Im Arboretum von Boston, Massachusetts

Landschaft bei Woodville, Vermont

Ottauquechee River, Vermont

Altengland verbietet Mechanikern, Britannien zu verlassen

Industriespion gründet Textilindustrie

Zunächst berechneten sie nur drei Cents, die wöchentlich kassiert wurden. Durch ihre regelmäßigen Besuche gehörten die Vertreter bald schon zur Familie, die Beiträge stiegen und das Geld strömte schneller in die Kassen der großen Gesellschaften, als diese es ausgeben konnten.

Die industrielle Revolution

Zu Beginn des 19. Jahrhunderts hatte der Seehandel unter den Wirren der internationalen Politik zu leiden – unter den Napoleonischen Kriegen und unter Jeffersons Embargo-Gesetzen. Die Kaufleute suchten andere Möglichkeiten, ihre reichen Gewinne zu investieren. Da kam ihnen eine neue Entwicklung wie gerufen. Bereits 1789 war der englische Mechaniker Samuel Slater nach New York gesegelt – verkleidet als einfacher Arbeiter – denn gelernten Mechanikern war es gesetzlich verboten, die Insel zu verlassen. Mit gutem Grund, wie sich rasch zeigen wird. Slater war nämlich nichts anderes als ein Industriespion. Zwar nicht auf Mikrofilm im Schuhabsatz, dafür aber in seinem Kopf trug er die genauen Pläne jener Spinnmaschine, die Richard Arkwright, der Partner seines Lehrmeisters, soeben entwickelt hatte. Geldgeber für sein Projekt fand er rasch im reichen Kaufmannsadel Rhode Islands.

Jetzt konnte nichts mehr schiefgehen, denn Wasserläufe gab es genug in Neuengland. Und wenn auch die meisten davon keine Schiffe trugen, so konnten sie doch Mühlen antreiben. In Pawtucket (Rhode Island) an der Mündung des Blackstone River wurde die industrielle Revolution Amerikas aus der Taufe gehoben, als 1793 die erste wassergetriebene Baumwollspinnerei der Neuen Welt zu arbeiten begann: die Slater Mill. Schon im Jahr darauf erfand der Connecticut-Yankee Eli Whitney die Egreniermaschine zur Entkernung der Baumwolle. Ein Mann und ein Pferd konnten jetzt die Menge Baumwolle entkernen, für die man bisher 50 Arbeiter gebraucht hatte. Den Rohstoff lieferten die Südstaaten im Überfluß, und jetzt konnte er preisgünstig und in Massen verarbeitet werden.

1811/12 reiste Francis Cabot-Lowell nach England, um das letzte noch fehlende Glied der Kette auszuspionieren: den 1785 von Cartwright erfundenen mechanischen Webstuhl. In Waltham (Massachusetts), eröffnete er 1815 die erste Weberei. Wenige Jahre später reichte schon der Platz nicht mehr, und das Werk wurde auf ein freies Gelände am Merrimack River verlegt. Um die Fabriken wuchs die Stadt, die nach dem Firmengründer Lowell benannt werden sollte.

Wohnhäuser, Schulen, Freizeiteinrichtungen und Geschäfte; alles gehörte der Company. Hunderte und Tausende von Arbeiterinnen, die sogenannten «Mill girls», lebten dort und schufteten 12 bis 14 Stunden am Tag. Es war wie eine Lizenz zum Geld drucken. Hatte das Unternehmen 1815 noch 3 000 Dollar eingebracht, so waren es sieben Jahre später bereits 350 000 Dollar. Die Dividende stieg auf 28 Prozent. 100 000 Spindeln schnurrten am Merrimack und bald liefen täglich über 250 Kilometer Tuch von den Webstühlen.

An allen Wasserläufen sprossen plötzlich die Textilfabriken aus dem Boden und breiteten sich aus wie Bakterienkulturen auf der Nährlösung. Das kleine Rhode Island allein verar-

Samuel Colts Erfindung wegen Schiffssteuerrad

Astor, Vanderbilt, Morgan & Rockefeller

beitete über 20 Prozent der amerikanischen Baumwollproduktion. Andere Branchen kamen dazu. Der American Way of Business brach sich seine Bahn. Bereits 1798 entwickelte Eli Whitney – derselbe, der die Egreniermaschine erfunden hatte – die Serienproduktion mit austauschbaren Teilen. Der Schlüssel zur Massenproduktion war gefunden. Nun jagten sich die Erfindungen, und eine Branche nach der anderen erschloß sich damit den Weg zum Erfolg.

Der Krieg als «Vater aller Geschäfte» belebte das Business. Während die staatliche Waffenfabrik in Springfield Ende des 18. Jahrhunderts mit Mühe 1000 Gewehre pro Jahr gefertigt hatte, versprach Whitney, mit seinem neuen Verfahren 6000 pro Jahr zu produzieren. 1836 ließ Samuel Colt den Revolver patentieren (zu dem ihn während seiner Matrosenzeit die Arretierung des Schiffssteuerrades inspiriert hatte) und 1856 errichtete er in Hartford seine Waffenfabrik, um den «Peacemaker of the West» und «Judge Colt» in Serie zu produzieren. Über Nacht wurde er zum Millionär, und während des Bürgerkriegs stießen seine Maschinen täglich soviele Feuerwaffen aus, wie die staatliche Fabrik 60 Jahre früher in einem ganzen Jahr produziert hatte! Plötzlich wollte die ganze Welt amerikanische Maschinen kaufen.

Während des Unabhängigkeitskrieges war Neuengland politisch an die Spitze der Kolonien gerückt. Jetzt lief es dem agrarischen Süden durch den Handel und die rasche Industrialisierung auch wirtschaftlich den Rang ab. Damit waren die Weichen endgültig gestellt für den Sieg des Nordens über den Süden im Sezessionskrieg (1861–65) und für den prägenden Einfluß Neuenglands auf die gesamten USA. Das Geld floß in Strömen. Monopole entstanden. Konzerne, Trusts und Banken wurden groß und immer größer. Das war die Zeit des «amerikanischen Traums», die Epoche der Tellerwäscher, die zu Millionären wurden. Der junge John Jacob Astor etwa, der 1784 mittellos in die Staaten gekommen war, hatte 15 Jahre später bereits seine erste Viertelmillion gemacht und als er 1848 starb, war er mit einem Vermögen von 20 Millionen der reichste Mann Amerikas.

Doch keine 30 Jahre später war das nurmehr ein gutes Trinkgeld. Nun brachte es Cornelius Vanderbilt bereits auf rund 100 Millionen Dollar, denn er war in den «Genuß» des Bürgerkrieges gekommen, der die Kleinen umbrachte und die Reichen noch reicher machte. Die Gewinne waren so groß, daß auch der Frieden ihnen nichts mehr anhaben konnte. Außerdem mußte jetzt der Westen erschlossen, mußten Eisenbahnen gebaut, Stahl erzeugt und neue Städte errichtet werden. Das Big Business schoß in immer schwindelerregendere Höhen empor.

Während Millionen in Armut darbten, mühten sich die oberen zwei Prozent, zwei Drittel des Volkseinkommens zu verprassen. Die Vermögen Astors und Cornelius Vanderbilts zusammengenommen waren wiederum nichts als Peanuts gegen die Summen, mit denen die ganz Großen zu Beginn des 20. Jahrhunderts protzen konnten. Zwei Männer allein – der aus Hartford stammende Großbanker Morgan und der New Yorker Ölmilliardär Rockefeller – kontrollierten rund 20 Prozent des gesamten Volksvermögens: weit über 20 Milliarden Dollar!

Niedergang und Neubeginn im 20. Jahrhundert

Dabei war die Wirtschaft Neuenglands längst wieder am Niedergang. Die unternehmungslustigen Männer waren nach Westen gezogen, und die Industrie hatte ihre Produktion in die Südstaaten verlagert, wo Arbeitskräfte bis zu 50 Prozent billiger waren. Wer blieb, machte Verluste. In den Industriestädten war jeder Vierte arbeitslos. Neuengland besaß keine nennenswerten Bodenschätze, vor allem kein Öl. Die Weltwirtschaftskrise schließlich traf den gesamten Nordosten am schwersten, und Neuengland hat sich von diesem Schlag bis heute nicht restlos erholt.

Dennoch erlebt die Wirtschaft seit den achtziger Jahren einen neuen Aufschwung. Das heutige Neuengland profitiert wieder vom Erbe seiner puritanischen Gründerväter. Diese hatten – kaum daß die erste Kirche stand – damit begonnen, sich um ein gutes Bildungssystem zu kümmern und um Hochschulen für die Ausbildung ihrer Priester. Harvard war entstanden und Yale, dann das Rhode Island College, das später in Brown University umbenannt wurde, das Dartmouth College und das Browndoin College in Maine.

Neuengland war zum Nährboden für eine erste kulturelle Blüte in der Neuen Welt geworden und Boston zum «Athen Amerikas». Doch der nüchtern-praktische Yankee-Geist hatte an diesen Hochschulen auch die Naturwissenschaften gedeihen lassen. Bereits 1861 wurde in Cambridge das Massachusetts Institute of Technology (MIT) gegründet, das heute rund 10 000 Studenten zählt und als die bedeutendste wissenschaftlich-technische Hochschule der USA überhaupt gilt. Neuengland mit seiner hohen Konzentration an Bildungsstätten wurde zur Eliteschmiede der Nation. Knowledge und Know-how wurden wichtige Exportartikel.

Der State Highway 128, der sich mit den Außenbezirken wie ein Gürtel um Boston legt, ist zu einem Kristallisationspunkt technischer Innovation geworden, das «Silicon Valley» des amerikanischen Ostens. Computer, Elektronik, medizinische Geräte, Rüstungstechnik, Pharmazie, Fototechnik, Feinmechanik und eine hochspezialisierte Kunststoff-Industrie haben für neuen Aufschwung gesorgt. Boston selbst hat sich zum Zentrum der amerikanischen Investment-Fonds-Gesellschaften entwickelt, und in Hartford blühen die Versicherungsgeschäfte wie eh und je.

Neben diesen «blühenden Landschaften» gibt es in Neuengland aber unbestritten auch Regionen, die bis heute als wirtschaftliche Notstandsgebiete gelten müssen. Meist sind dies Gegenden, die landschaftlich besonders reizvoll sind, so daß der Mangel an Industrie sogar zum wirtschaftlichen Zukunftskapital werden könnte. Denn der Tourismus hat sich inzwischen zum zweitstärksten Industriezweig Neuenglands gemausert. Und bei all der Vielfalt an landschaftlichen, historischen und kulturellen Attraktionen wird er mit Sicherheit weiter wachsen.

Massachusetts

Amerikas puritanisches Herzstück und Rückgrat

Massachusetts, mit 6 Millionen Einwohnern der bevölkerungsreichste der sechs Staaten, ist die historische Basis Amerikas, sein Herzstück und Rückgrat zugleich – nicht nur geographisch betrachtet. Von hier aus haben sich die Siedler ausgebreitet, um neue Kolonien zu gründen. Von Anfang an hat sich der «Bay State» der Puritaner zum Sprecher und Vormund seiner Nachbarkolonien aufgeschwungen. Insbesondere die Bostoner haben ihre Stadt nicht nur als den Nabel der Kolonie oder Neuenglands betrachtet, sondern als die Achse des gesamten Sonnensystems. Auf einer langen Reise in San Francisco angelangt, soll eine Dame über die große Hitze geklagt haben, worauf ihre Reisegefährtin aus Boston erwiderte: *«Aber meine Liebe, wenn man bedenkt, daß wir jetzt 3 000 Meilen vom Ozean entfernt sind!»*

Rechteckig wie mit dem Lineal konstruiert zieht sich der Puritaner-Staat vom Atlantik bis an die Grenze von New York State. Nur Cape Cod, das Kabeljau-Kap mit seinen Dünen und Sandstränden lockert diese Form im Südosten etwas auf. Nicht allein durch seine Form und Lage bildet Massachusetts eine Art repräsentativen Querschnitt durch Neuengland. Tatsächlich ist der «Old Colony State» der vollkommenste Ausdruck dessen, was Neuengland ausmacht, eine Art Miniaturversion der sechs Staaten. Und Herz dieses Herzstücks ist wiederum Boston, die große Metropole Neuenglands. Diese «Big City» ist unbestritten das wirtschaftliche und kulturelle Zentrum Neuenglands. Im Grunde wissen die Bewohner der übrigen fünf Staaten das längst und haben sich damit abgefunden. Was sie ärgert ist nur, daß die Bostoner es auch wissen!

Nach ihrer Lage zu dieser Stadt sind die weiteren Regionen von Massachusetts benannt. Sie unterteilt die Küste in eine «South Shore» mit sandigen Badestränden und eine «North Shore», die felsiger und zerklüfteter ist. Zur South Shore gehört Cape Cod, das zusammen mit den vorgelagerten Inseln Nantucket und Martha's Vineyard eines der beliebtesten Ferienziele für Besucher von der gesamten Ostküste bildet. Landeinwärts erstreckt sich sanftes Hügelland bis zu dem in Nord-Süd-Richtung verlaufenden Tal des Connecticut River. Zwischen diesem fruchtbaren Tal und der Grenze zu New York erhebt sich die Bergkette der Berkshires mit dem 1 064 Meter hohen Mt. Greylock. Ein Bergland mit erstaunlich ursprünglicher Natur, das den Sommer hindurch zudem mit einer Fülle hochrangiger Kulturangebote lockt.

Boston

Seit Stunden spaziere ich durch Boston und versuche, mir ein Bild von dieser Stadt zu machen. Vergebens! Zu viele Widersprüche, zu viele Gegensätze. Und immer wieder muß ich stehenbleiben, aufblicken und mir einhämmern: «He, du bist in Amerika! Das ist eine amerikanische Großstadt!»

Von der Flughafenfähre aus ist das Bild noch im Lot. Da erhebt sich über dem Hafen eine amerikanische Stadt, wie man sie erwartet, eine Skyline fast wie die von Manhattan. Doch nach einem kurzen Bummel durch die hek-

Boston – Amerikas europäischste Stadt ... ... und geistiges Zentrum des Planeten

tisch wimmelnden Hochhausschluchten des Finanzdistrikts gerät man völlig unvorbereitet in die ruhige und beschauliche Welt stiller Pflastergassen, zischelnder Gaslaternen und üppiger Laubbäume: Beacon Hill. Das moderne Amerika ragt unmittelbar neben dem antiquierten Charme Altenglands in den Himmel. Zu Füßen der Wolkenkratzer lebt die Gemütlichkeit viktorianischer Backsteinbauten.

Boston ist voll von solchen Widersprüchen. Sie vereinen und ergänzen sich und bringen eine der ungewöhnlichsten und attraktivsten Großstädte Amerikas hervor. Vergangenheit und Gegenwart, Tradition und Innovation, Alte und Neue Welt. Boston liegt Europa näher als jede andere amerikanische Stadt: rein geographisch um drei Längengrade näher als New York, kulturell und historisch noch weit mehr. Mit 360 Jahren ist Boston eine der ältesten Städte des Landes; reich wie keine zweite an Schauplätzen der Geschichte und an greifbaren Vorzeigestücken des amerikanischen Mythos. Es ist die Heimat einer britisch und puritanisch geprägten Aristokratie, wie man sie in ganz Amerika sonst nirgends findet. Boston müßte hoffnungslos verkrustet und verknöchert sein, hätte es nicht auf der anderen Seite Hunderttausende von Studenten, die es wiederum zu einer sehr jungen und vitalen Stadt machen. Es ist die größte Stadt Neuenglands und doch gilt es zu Recht als «Walking City» – eine Stadt für Fußgänger. Boston wird geliebt und gehaßt – und oft genug beides zugleich. Es ist die «Wiege Amerikas», der «neuenglische Parnaß», das «Athen der Neuen Welt» – aber gleichzeitig ein Nährboden der Wissenschaft und voll von High-Tech, Elektronik, Computern und Forschungslabors. Die Gegensätze ergänzen, durchdringen und befruchten einander. Nirgends könnte dies schöner zum Ausdruck kommen als bei der neoromanischen Trinity Church mit ihrem reichen Schnitz- und Schnörkelwerk, die sich in der Glasfront des ultramodernen John Hancock Towers spiegelt.

Mittelpunkt des Universums

Bei allen Widersprüchen und Gegensätzen ist und bleibt Boston jedoch unveränderlich eines: der Mittelpunkt, «the hub». Der geographische Mittelpunkt der neuenglischen Küste, die es in eine North Coast und eine South Coast unterteilt. Der historische Brennpunkt, um den herum Massachusetts entstand, das wiederum zum nährenden Kern weiterer Neuenglandstaaten wurde. Das kulturelle Herz Amerikas. Doch damit nicht genug: *«Boston ist das geistige Zentrum des Kontinents und damit des gesamten Planeten»*, erklärte der Harvard-Professor Oliver Wendell Holmes. Und schließlich wurde die Stadt gar zum «Hub of the Universe», zum «Mittelpunkt des Universums». Bezeichnungen, die ein «Proper Bostonian» vielleicht ernster nimmt, als er zugeben mag, auch wenn man sich heute bescheidener gibt und mit dem Titel «Nabe des Sonnensystems» zufrieden ist.

Aber ein Proper Bostonian, was ist das eigentlich? Ein «echter Bostoner» ist Mitglied der alteingesessenen Bostoner Kaufmanns-Aristokratie. Äußerlich ähnelt er dem, was man jenseits des Atlantiks einen Gentleman nennen würde, hat aber Wurzeln, die sich mindestens bis zu

PRIESTERKASTE DER KAUFMANNS-ARISTOKRATIE

den Händlern, Schmugglern und Schiffseignern der Kolonialzeit zurückverfolgen lassen, im Idealfall bis zu den Puritanern Winthrops. Den Grundstock ihres Vermögens haben diese vornehmen Herrschaften zumeist dem Fischfang zu verdanken. «Kabeljau-Aristokraten» werden sie daher auch tituliert, oder «Boston Brahmins», was fraglos würdiger klingt und wiederum von Oliver Wendell Holmes geprägt wurde. Die Boston Brahmins sind seit eh und je eine Kaste für sich, die höchste Priesterkaste neuenglischer Kaufmanns-Aristokratie. Zum Brahmin kann man nicht aufsteigen, als Brahmin muß man geboren werden. Puritanisch, konservativ und selbstbewußt bis zur Arroganz ist ein Brahmin. Er hat in Harvard studiert, wohnt in der Back Bay und hat sein Sommerhaus in Maine. Geld spielt dabei keine Rolle, denn das hat man ja sowieso. Ihre Vermögen haben sie mit dem Chinahandel, dem Dorsch und der Textilindustrie gemacht – die Lowells, Cabots, Otis', Appletons und wie sie alle heißen. In gut puritanischer Tradition waren sie nie vulgäre Geldprotze, wie etwa die Tycoons von New York und Texas, aber dafür um so blaublütiger und abgehobener.

«This is to good old Boston, the home of the bean and the cod, where the Lowells talk to the Cabots, and the Cabots talk only to God», brachte es ein Trinkspruch 1910 auf den Punkt. Damals allerdings war die Glanzzeit der Boston Brahmins längst vorüber.

Die Irish Connection

Gerade in dem Moment, als Boston seinen gesellschaftlichen und kulturellen Höhepunkt

KARTOFFELPEST KIPPT SOZIALGEFÜGE

erreicht hatte, vernichtete nämlich in Irland ein Fäulniserreger die Kartoffelernten von 1845 und der darauffolgenden Jahre. Wenngleich man auf den ersten Blick vielleicht nicht einsehen mag, was eine Kartoffelfäule im 5000 Kilometer entfernten Irland mit der Bostoner Gesellschaft zu tun haben soll, so hat diese Kartoffelpest die Stadt doch tiefgreifender verändert als irgend ein anderes Ereignis und sie hat ihr Gesicht bis heute geprägt.

Die Mißernten führten nämlich zu einer Hungersnot, die Hungersnot zu einem Massenexodus. Tausende von Iren strömten plötzlich nach Boston und rissen dort das soziale Gefüge aus den Angeln. Entwurzelte Bauern waren es, die da hereinkamen – arm, ungebildet und zu allem Übel auch noch katholisch. Innerhalb von nur zehn Jahren überfluteten 50000 dieser «Kartoffel-Iren» die Bay-Stadt und schließlich stellten sie fast die Hälfte der Bostoner Bevölkerung. Die puritanisch geprägten WASPs (White Anglosaxon Protestants) verachteten sie mit Inbrunst und wollten nichts mit ihnen zu schaffen haben. «Irish need not apply!», stand überall zu lesen, wo ein Job zu vergeben war. «Iren unerwünscht!» Das irische North End Bostons wurde zum Slum: die Wohnblocks waren überfüllt und die Sanitäranlagen unzureichend; es herrschten Not und Kriminalität.

Aber ihre große Anzahl und ihr Zusammenhalt machte die Iren stark. Rasch erlernten sie das Spiel der Politik und des Stimmenfangs mit all seinen zwielichtigen Winkelzügen. Um 1880 hatten sie sich einen Großteil der öffentlichen Ämter gesichert und begannen, das North End zu verlassen. Dorthin strömte jetzt eine weitere Immigranten-Welle aus Süd- und

Iren übernehmen Bostons Macht

Osteuropa nach: überwiegend Italiener und osteuropäische Juden.

1884 schaffte es Hugh O'Brien, der erste irische Bürgermeister Bostons zu werden, und seither waren fast alle seine Nachfolger Iren. Michael Curley, dessen Name zum Inbegriff für Korruption wurde und der 1943 eine Wahl sogar von der Gefängniszelle aus gewann, beherrschte Boston 30 Jahre lang und avancierte bis zum Gouverneur und Kongreßabgeordneten. Sein Amtsvorgänger, der Iren-Boß John F. Fitzgerald, genannt «Honey-Fitz», legte schließlich den Grundstein zur Kennedy-Dynastie, aus der mit J.F. Kennedy der erste irische und erste katholische Präsident der USA hervorgehen sollte.

Und was taten die Boston Brahmins während all der Zeit? Sie sahen mit Schrecken ihren Einfluß schwinden und zogen sich in den Schmollwinkel zurück. Zwar mochten sie die Stadt noch besitzen, regiert wurde sie jetzt von den Iren. Die Brahmins verkrochen sich hinter den Backsteinmauern von Beacon Hill und Back Bay, um von der Vergangenheit zu träumen. Boston stagnierte. Das kulturelle Leben erlahmte. Der Schwung war raus. Während New York und Chicago wuchsen und blühten, tat Boston das Gegenteil: es schrumpfte! Die puritanische Moral erstarrte zur Prüderie und vermischte sich mit katholischer Intoleranz zu einem lähmenden Gift für Kunst und Kultur. Selbsternannte Moralapostel ließen Verbote hageln. «Banned in Boston!» («In Boston verboten!») wurde zu einer Redewendung, die sich bis heute im Sprachgebrauch der ganzen Nation erhalten hat.

Erst als in den sechziger und siebziger Jahren die Brahmins von ihrem Roß herunter stiegen

Verwinkelte Stadt mit krummen Strassen

und sich mit den inzwischen etablierten Iren zusammenfanden, da war die Lethargie plötzlich vorbei, und aus der Verbindung wuchs neues Leben. Dem schleichenden Verfall der Innenstadt begegnete man mit einer Lockerung der kleinkarierten Restriktionen. Historische Substanz wurde wiederentdeckt und neu belebt. Aus alten Hafenanlagen und leerstehenden Hallen entstand ein einladendes Shopping- und Flanierviertel. Faneuil Hall (sprich: Fane'l Hall) und Quincy Market wurden zu einem attraktiven Zentrum im einst ausgestorbenen Hafengebiet. Damit schuf Boston ein Modell, das seither von vielen Städten kopiert wird. Die Stadt lebt wieder. Das «Wunder von Massachusetts» brachte ihr in den achtziger Jahren auch wirtschaftlichen Aufschwung. Ein Zustrom junger Menschen an Colleges, Universitäten und High-Tech-Unternehmen hat der verstaubten Metropole eine gründliche Blutauffrischung verpaßt. Boston ist wieder jung und aufregend. Und doch ist es geblieben, was es immer war: eine verwinkelte Stadt mit «unamerikanisch» krummen Straßen voller Überraschungen, die zum Spazieren und Entdecken einladen.

Kühe als Stadtplaner und Prunkviertel aus dem Nichts

Emporgewachsen ist diese Stadt aus einer birnenförmigen Halbinsel, deren «Stiel» einst nur ein schmaler Sanddamm war. Diese Keimzelle, das heutige North End, war Einfallstor und Durchgangsstation für viele Neuankömmlinge und ist heute das farbenfrohe Klein-Italien.

Altstadtstrassen früher Kuh-Trampelpfade

Spätpuritaner schwelgen im Luxus

Um neues Land zu gewinnen, wurden die brackigen Marschen aufgefüllt, so daß die «Beinahe-Insel» zunehmend mit dem Festland verwuchs.

Wo heute die Charles-Street den Common vom Public Garden trennt, verlief zu Winthrops Zeiten noch die Küste. Der stolze Common war damals nur ein leerer Dorfplatz, genutzt als «trayning field» und zum «feeding of the cattell» (Exerzierplatz und Kuhweide). Der Pranger wurde dort aufgestellt und der Galgen. Die ersten Stadtplaner Bostons sollen denn auch die Kühe gewesen sein, deren einstigen Trampelpfaden die Straßen der Altstadt bis heute folgen. Man braucht sich nur einmal mit dem Auto durch die Innenstadt zu kämpfen, um diese These sofort zu akzeptieren!

Weit bekannter wurde allerdings Bostons zweiter Stadtplaner: Charles Bulfinch. Nach dem Unabhängigkeitskrieg war die Stadt nur noch ein wirrer Haufen von Holzhäusern an verschlungenen Schlammstraßen. Jenseits des Common begann die Wildnis. Einziges Bauwerk auf dem Beacon Hill war ein Leuchtfeuer (beacon). Dann brachte der Asienhandel Geld in die Kassen.

1795 ließ Bulfinch als neuen Regierungssitz das State House errichten, dessen goldene Kuppel sich heute so fotogen vom blauen Himmel abhebt. Plötzlich wurde aus der Viehweide begehrtes Bauland, und erste Spekulanten wie der Politiker und Geschäftsmann Harrison Gray Otis machten ihren Reibach. Dem alten puritanischen Mythos wurde Beacon Hill die «Stadt auf dem Berg», von der die Boston Brahmins auf den Rest der Welt herunterblicken konnten. Die nächsten 20 Jahre hindurch prägte Bulfinch das Gesicht der Stadt. Als er 1818 nach Washington geholt wurde, um das Kapitol zu gestalten, da war aus dem alten Boston eine noble Stadt mit Backsteinbauten und Pflasterstraßen geworden. Ein neuer Wind wehte durch ihre Straßen. Der Unitarismus mit einem milderen Gott der Gnade trat an die Stelle der strengen calvinistischen Lehre.

Ralph Waldo Emerson, Thoreau und ihre Schule der Transzendentalisten wandten sich gegen das konventionelle rationalistische Denken und riefen zum Kampf gegen Armut und Unterdrückung auf. Auf dem Beacon Hill regten sich die Anfänge der Sklavenbefreiung. Hier gründete William Lloyd Garrison die New England Anti-Slavery Society, und hier befand sich eine wichtige Station der «Underground Railway», die entflohene Sklaven nach Kanada schmuggelte.

Unterhalb des Beacon Hill rollte in der zweiten Hälfte des 19. Jahrhunderts eine Railway ganz anderer Art: 30 Jahre lang rund um die Uhr schaffte sie Kies heran, um die stinkenden Gezeitensümpfe der Back Bay aufzufüllen. Über der einstigen Kloake entstand ein elegantes Wohnviertel mit breiten Boulevards, Sichtachsen und Parks nach Pariser Vorbild: das neue Zentrum der Upper Class, die allmählich den zu eng gewordenen Hügel räumte. Die Brahmins hatten sich weit genug von der Sparsamkeit und Bescheidenheit ihrer puritanischen Ahnen entfernt, um im Luxus prachtvoller Bauten zu schwelgen. Und so wurde die Back Bay zu einem Prunkensemble viktorianischer Baukunst und zu einem regelrechten Museum der Architekturgeschichte des späten 19. Jahrhunderts – von Ost nach West hübsch chronologisch angeordnet.

BUCHHANDLUNG VON 1712 STEHT NOCH

WIEGE DER FREIHEIT MIT ROTIERENDER HEUSCHRECKE

Der Freedom Trail

In den älteren Vierteln nordöstlich des Common stößt der Stadtbummler unweigerlich auf eine rote Linie, die sich wie ein Ariadnefaden zweieinhalb Kilometer weit durch die Straßen schlängelt. Das ist der Freedom Trail, der berühmte «Freiheitspfad», der die Bostoner Schauplätze und Gedenkstätten des amerikanischen Freiheitskämpfers verbindet. Da ist zum Beispiel gleich der Granary Burying Ground mit malerisch versunkenen Grabsteinen, auf dem die Helden der Revolution ruhen – John Hancock, Samuel Adams und Paul Revere sowie die Opfer des Bostoner Massakers. Der Globe Corner Bookstore von 1712 steht in keinem direkten Zusammenhang mit der Revolution, wurde jedoch im Goldenen Zeitalter der amerikanischen Literatur zu einem Treff der literarischen Elite. Werke von Longfellow, Hawthorne und Emerson wurden hier erstmals publiziert. Heute findet man hier eine reiche Auswahl an Büchern über Neuengland – aber hilflose Gesichter, wenn man Beratung sucht.

Gegenüber steht das Old South Meeting House, ein Bet- und Versammlungshaus der Puritaner, in dem die hitzigen Debatten über die britische Besteuerung stattfanden. Zwischen den Wolkenkratzern des Bankenviertels zum Puppenhaus degradiert, behauptet das Old State House von 1713 eigensinnig seinen Platz. Löwe und Einhorn, die seinen Giebel flankieren, sind Kopien und erst später wieder angebracht worden, denn als man 1776 vom Balkon aus die Unabhängigkeitserklärung verlas, hätten diese Insignien der britischen Krone denkbar schlecht ins Bild gepaßt. Ein gepflastertes Rund vor dem Old State House erinnert an das Bostoner Massaker.

Die Faneuil Hall (von den Bostoner schlicht Fan'l Hall ausgesprochen, auch wenn sich der französische Erbauer dabei jedesmal im Grabe drehen mag) wird als die Bostoner «Wiege der Freiheit» gerühmt, da in der heutigen Markthalle zu Zeiten der gärenden Revolution Großversammlungen stattfanden und die britischen Steuergesetze gegeißelt wurden. Bis heute ist die Halle mit der rotierenden Heuschrecke ein beliebter Treff und Versammlungsort. Das Frauenwahlrecht und die Sklavenbefreiung wurden dort vorangetrieben, und alle wichtigen Ereignisse werden dort auch heute noch debattiert.

Unter der Stadtautobahn hindurch schlängelt sich die rote Linie ins North End, das heutige Klein-Italien der Stadt, und zum ältesten erhaltenen Gebäude Bostons, dem Paul-Revere-Haus. In dem um 1680 errichteten Holzgebäude lebte mit seiner Frau und seinen 16 Kindern jener Silberschmied und Tausendsassa, der am 18. April 1776 zu mitternächtlicher Stunde gegen Concord ritt, um die Aufständischen vor dem Herannahen britischer Truppen zu warnen. Als glorreicher Reiter für die Freiheit ist er in die amerikanische Mythologie eingegangen – weniger durch den Ritt selbst, als posthum durch Longfellows Ballade: *«Listen my children and you shall hear, of the midnight ride of Paul Revere ....»* Sie ist ein Exempel dafür, wie Geschichte durch dichterische Freiheit nicht nur zum Mythos gerät, sondern daß sie sogar durch Versmaß und Reimlehre geprägt werden kann. Als Paul Revere in jener denkwürdigen Nacht aufbrach, da ritt er keineswegs allein, sondern wurde von dem fast vergessenen William Dawes begleitet. Keiner von ihnen hat übrigens Concord erreicht, da sie alle beide von den Briten abgefangen wurden. Bis Concord gelangte nur Prescott, der sich den beiden unterwegs erst angeschlossen hatte. Daß nicht er die Lorbeeren für den historischen Ritt erntete, sondern der Nachwelt schlicht unterschlagen wurde, liegt einzig an seinem Namen – was reimt sich auch schon auf Prescott?

Hinter der Reiterstatue Reveres ragt der weiße Turm der Old North Church in den Himmel, von dem aus der Küster seinerzeit durch Lichtsignale das Ausrücken und die Route der Soldaten anzeigte. *«One if by land, two if by sea...»*, wie es bei Longfellow heißt, *«... and I on the opposite shore will be, Ready to ride and spread the alarm, Through every Middlesex village and farm For the country folk to be up and to arm.»*

Den Abschluß des Freedom Trails bildet das Bunker Hill Monument in Charlestown. Es erinnert an die berühmte Schlacht um Bunker Hill, die tatsächlich auf dem Breed's Hill stattgefunden hat, auf dem nun auch das Denkmal steht.

Wer den Weg bis zu dem schlanken Obelisken auf sich nimmt, der muß wohl etwas mehr patriotische Gefühle empfinden, als der durchschnittliche Besucher aus Europa. Doch keine Sorge, dies betrifft nicht den ganzen Freiheitspfad schlechthin. Denn so patriotisch eingefärbt und geschichtsträchtig dieser auch sein mag, er hat – wie ganz Boston – auch jenen etwas zu bieten, denen der Sinn nicht nach großen Namen und Jahreszahlen steht; all jenen, die Atmosphäre und Alltagsleben suchen, die einfach bummeln, schauen und entdecken wollen. Denn erinnern wir uns: Nicht umsonst trägt Boston den Beinamen «Walking City» – Stadt für Fußgänger.

Plimoth Plantation – ein Ausflug ins 17. Jahrhundert

Nur eine gemütliche Autostunde südlich von Boston liegt Plymouth – dereinst als Plimoth Plantation die Kolonie der Pilgerväter (und -mütter, versteht sich). Man kann entweder auf dem breiten Highway Nummer 3 dorthin rauschen oder die Küstenstraße 3A entlang kurven, über Quincy, die «City of two Presidents», die als einzige Stadt der USA zwei Präsidenten hervorgebracht hat: John Adams, der gleich nach George Washington regierte, und John Quincy Adams, Präsident Nr. 6.

Plymouth mit allem, was dazugehört, ist für jeden amerikanischen Touristen ein «must», sofern er auch nur einen Hauch von Geschichtsbewußtsein besitzt. Zumindest die Plimoth Plantation sollte es auch für jeden Europäer sein – ob historisch interessiert oder nicht. Dort kann er amerikanische Geschichte live erleben und das ohne den Beigeschmack von Kitsch und Disneyland. Nur wenige Kilometer vom ursprünglichen Ort entfernt liegt hinter Holzpalisaden das Pilgerdörfchen mit schlichten, grauen Bretterhäusern, so wie es im Jahre 1627 ausgesehen haben muß – originalgetreu und nach dem besten Wissen der Historiker nachgebaut. So authentisch bis ins Detail, daß William Bradford und Miles Standish sich sofort zu Hause fühlen würden. In den bescheidenen Gärtchen wachsen die Pflanzen der damaligen Zeit, dazwischen scharren Hühner jener Rasse, die auch die Pilgrims hielten. Mit

DIALOG MIT EINER PILGERMUTTER

den alten Werkzeugen werden Geräte hergestellt und Häuser gebaut, und überall sieht man Menschen in authentischen Kostümen. Sie arbeiten in den Häusern und Gärten, unterhalten sich im alten Englisch der damaligen Zeit und verwickeln den Besucher in aufschlußreiche Gespräche (keine Angst, dieses Englisch ist leichter zu verstehen als manches moderne Kaugummi-Amerikanisch!).

«*Gott zum Gruße!*», empfängt uns eine kräftige Pilgermutter, die mit einer einfachen Holzhacke den Boden bearbeitet.

«*Nein, die wirklich schwere Arbeit hat gestern mein Mann verrichtet, als er in Handarbeit die harte Erde aufbrach*», erklärte sie mir. «*Pferde oder andere Zugtiere haben wir hier leider keine. Da müssen wir selbst herhalten. Mein Mann sagt daher, dies sei die einzige Gegend der Welt, in der man mit dem Pflugochsen reden kann!*»

Ob wir auf der Flucht vor den Habsburgern in die Neue Welt gekommen seien, will sie wissen, als sie hört, woher wir kommen. Sie erzählt von Gottes großer Vorsehung, der die Indianer dieser Gegend rechtzeitig vor ihrer Ankunft ausgerottet hat, und vom Besuch des Wampanoag-Häuptlings.

Ja, wo Miles Standish wohnt, kann sie uns gleich erklären (wir brauchen ihn gar nicht lange zu suchen, denn gefolgt von seiner Miniaturarmee marschiert er soeben zum Exerzierplatz), aber als ich auf Cotton Mather zu sprechen komme, schaut sie mich nur verständnislos an. «*Nein, der hat nie hier gewohnt.*» Und als ich frage, ob ich sie fotografieren darf, will sie wissen, ob das weh tut. Oh, ich vergaß, daß wir erst das Jahr 1637 schreiben.

Auf dem Rückweg biegen wir in den Fußpfad zu «Hobbamock's Village» und gelangen in das

INDIANER LIEBEN HIRSCHGULASCH

Dorf der Wampanoag-Indianer. Ein kräftiger Bursche im Lendenschurz haut mit einem Baumstamm Pflöcke in den Boden, um eine der typischen tunnelförmigen Rindenhütten (Wetus) Neuenglands zu errichten. Ein anderer ist dabei, einen Einbaum auszubrennen. Am Feuer sitzt eine junge Indianerin im Lederkleid und bearbeitet Rindenfasern. In einem rußgeschwärzten Eisenkessel brodelt das Hirschgulasch. Doch trotz ihrer historisch-traditonellen Kleidung leben die Indianer in Hobbamock's Village in der Jetztzeit – was den unbestreitbaren Vorteil hat, daß man sich mit ihnen über die Geschichte der Indianer seit Ankunft der Weißen unterhalten kann.

In noch fernere Vergangenheit gelangt man an der State Pier von Plymouth. Dort haben die Pilgrims gerade erst angelegt – mit der Mayflower II, einer Rekonstruktion ihres ursprünglichen Schiffes. Genauso historisch gekleidet und mit dem Akzent ihrer Epoche berichten die sturmgebeutelten Pilger von ihrer rauhen Überfahrt und der Zeit im holländischen Leyden. Und wenige Schritte weiter, unter einem gewaltigen Säulenbaldachin und durch Eisengitter geschützt: der Plymouth Rock. Jener Felsblock, auf dem die Pilgrims gelandet sein sollen. Der Felsen, auf dem Amerika ruht! Da liegt er also. Ein grauer, von der Brandung abgewetzter Brocken auf dem Grund dieser seltsamen Bärengrube. Eingesperrt und trostlos wie ein traurig blickender See-Elefant. Der unbefangene Europäer erkennt sofort, daß eine tüchtige Extraportion an Patriotismus dazugehört, um beim Anblick dieses Steinblocks vor Ergriffenheit zu erschaudern. Aber jedem das Seine. Und bei allem verständlichen Unverständnis des Europäers für die einzelnen Erscheinungsformen, wäre es unvernünftig, solche Symbole und Mythen generell in Frage zu stellen. Wer das tut, verkennt nur ihre Macht.

Cape Cod – die Sommerfrische Neuenglands

Wie der angewinkelte Arm eines posierenden Bodybuilders ragt Cape Cod in den Atlantik hinaus – rund 100 Kilometer lang von der Schulter bis zur geballten Faust. Dieses Bild ist nicht bloß ein beliebter und etwas abgegriffener Vergleich, sondern es erklärt praktischerweise auch gleich, was mit Upper Cape und Lower Cape gemeint ist – nämlich das, was dem Oberarm bzw. Unterarm entspricht und nicht etwa, was oben nach Norden hin oder unten im Süden liegt. Der 1914 fertiggestellte Cape-Cod-Kanal hat den Arm an der Schulter abgetrennt und das Kap zur Insel gemacht. Er erspart der Schiffahrt den gefährlichen Weg um den von Wellen umspülten Ellbogen. Der Autofahrer überquert ihn bequem auf der Sagamore-Brücke.

Geschaffen wurde das Kap, dieses seltsame Gebilde aus Sand und Kies, von den Gletschern der Eiszeit. Geprägt, gestaltet und ständig verändert wird es bis heute von der Brandung und den Stürmen. Anno 1602 segelte ein gewisser Bartholomew Gosnold durch die Gewässer vor der Küste, bemerkte deren großen Reichtum an Kabeljau und benannte den Sandstreifen kurzerhand «Kap Kabeljau».

Daß der Kiesboden für den Ackerbau nicht taugte und auch sonst keine Reichtümer zu holen waren, ist unschwer daran abzulesen, daß man Cape Cod lange den Indianern überließ. Erst die modernen Verkehrsmittel haben den von den Pilgrims verschmähten «Kieshaufen» zu einem gefragten Ferienziel gemacht. Seither strömen die Gäste scharenweise aus ganz Neuengland heran, aber auch aus Montreal und New York, um der stickigen Hitze der Städte zu entfliehen. Hier gibt es einfach alles, was ein Ferienparadies ausmacht. Endlose Sandstrände, lichte Kiefernwälder, Salzmarschen, Preiselbeersümpfe und dann wieder Dünenlandschaften wie aus einem arabischen Märchen. Der Besucher hat die Wahl zwischen der Außenküste mit ihrer tosenden Brandung und der geschützten Binnenküste mit ruhigem, wärmeren Wasser und ohne gefährliche Strömungen. Dazwischen gibt es als Dreingabe noch Hundert von Waldseen, die bei Badegästen ebenso beliebt sind wie bei den Anglern. Malerische Dörfchen, eingewachsen ins Grün der Landschaft, säumen den kurvenreichen Old Kings Highway 6A entlang der stillen Binnenküste. Neben eleganten Kapitänsvillen und schmucken, mit Zedernschindeln gedeckten Sommerhäusern sieht man hie und da noch die traditionellen Cape-Cod-Häuser: schlichte, taubengraue Saltboxes. Diese ursprünglich nach englischem Vorbild um einen Kamin herum errichteten, zweistöckigen Wohnhäuser hatten mit Bretter verkleidete Wände und ein steiles Giebeldach. Wuchs die Familie, so wurde einfach an der Rückseite des Hauses das Erdgeschoß verbreitert und das Dach in Form eines Pultdaches darüber heruntergezogen. So entstand die erste typisch amerikanische Bauweise, bei der die Frontseite stets höher als die Rückseite war. Als Saltbox (Salzkiste) wurden diese Häuser deshalb bezeichnet, weil ihre Form an jene praktischen Salzkistchen mit

Alte Windmühlen, 40 Golfplätze

Provincetown: Filmstars, Künstler & Lebenskünstler

dem schrägen Klappdeckel erinnerte, die damals in jeder Küche hingen.

Alte Windmühlen, Antiquitätengeschäfte, Kramläden, Boutiquen und ausgezeichnete Fischrestaurants säumen die Straße. Zahlreiche Galerien und Museen aller Art sorgen für Abwechslung, wenn das Wetter einmal weniger freundlich ist. Das Cape bietet herrliche Möglichkeiten zum Strandwandern, Reiten, Radfahren und Surfen. Golfspieler haben die Auswahl zwischen fast 40 Plätzen. Und im Frühjahr und Herbst kann man an Whale-watching-Exkursionen teilnehmen, um die sanften Riesen des Meeres zu beobachten.

Fotografen und Maler schwärmen vom faszinierenden Licht und den eigenartigen Stimmungen des Kaps. Seit hundert Jahren kommen sie hierher, um sich davon inspirieren zu lassen. 1899 hat Charles W. Hawthorne die Cape Cod School of Art gegründet. Jackson Pollok und Robert Motherwell haben hier ebenso gearbeitet wie Edward Hopper, der das Licht gezielt einsetzte, um Gegenstände und Personen zu isolieren.

Ganz zu schweigen von den zahlreichen Schriftstellern und Dramatikern, die hier gelebt und gearbeitet haben – insbesondere in der exzentrischen Künstlerkolonie von Provincetown. Eugene O'Neill, Tennessee Williams, John Dos Passos und Sinclair Lewis haben hier ihre Karriere begonnen. Zahlreiche andere Namen sind untrennbar mit Cape Cod verbunden. *«Hier kann ein Mann stehen und ganz Amerika hinter sich lassen»*, schrieb Thoreau über Cape Cod – wie immer er das gemeint haben mag.

Entlang der Atlantikküste des Lower Cape erstreckt sich die Cape Cod National Seashore, ein 70 Kilometer langer Nationalpark mit vielfältigen Marsch- und Dünenlandschaften, mit Badestränden, Wanderpfaden und einer reichhaltigen Vogel-, Tier- und Pflanzenwelt. Und in der geballten Faust an der Spitze des Kaps schließlich wartet der Gegenpol zur stillen Natur und Landschaftsidylle: Provincetown, eine quirlig-schrille Mischung aus Kunst und Kitsch, aus Hamburgerbuden und Fischrestaurants, aus Künstlern, schrägen Vögeln und Touristen, aus Galerien, Kramläden, Souvenirbuden und Straßenmalern. In dem um 1727 von portugiesischen Fischern gegründeten Städtchen kommen im Sommer auf jeden der 4000 ständigen Einwohner bis zu zehn Touristen. Hier entstanden die Maler- und Schriftstellerkolonien. Hier treffen sich Filmstars, Künstler und Intellektuelle. Mit den Künstlern kamen die Lebenskünstler, mit den Bohemiens die «Außenseiter». P-town, wie es die Einheimischen nennen, hat eine der größten Schwulengemeinden der gesamten Ostküste, und es wurde zum Dauerversuch, traditionelle Werte mit allerlei unkonventionellen Lebensweisen unter einen Hut zu bringen. Solange das so bleibt, wird das Städtchen sicher nicht in der sterilen Biederkeit versinken, die einen in anderen Seebädern oft zum Gähnen bringt.

So vielschichtig und bunt ist das Cape. Und doch! Bei aller Vielfalt, bei all den Freizeitangeboten und trotz angenehmen Klimas und reizvoller Landschaften hat es auch seine Schattenseiten. Das sind die Folgen seiner wachsenden Beliebtheit: Motels, wuchernde Feriensiedlungen, Schnellimbiß-Buden und riesige Wohnkomplexe. Und in der Hauptsaison, im Juli und August, gibt es Verkehrsstaus und träge kriechende Autoschlangen. Dann ist das Kap nur noch Strandurlaubern zu empfehlen, denen der Massenrummel gerade recht ist. Das übrige Jahr hindurch ist es jedoch ein Paradies für Ruhesuchende und Naturliebhaber. Nirgends sonst in Neuengland bin ich so leicht und so früh aufgestanden, um das faszinierende Morgenlicht am Strand zu genießen, wie in der East Bay Lodge von Osterville.

Nantucket und Martha's Vineyard – die exklusiven Inseln der Millionäre

Beide Inseln vor der Südküste von Cape Cod sind wie das Kap selbst nichts anderes als eiszeitliche Kiesablagerungen, die von einem älteren Gletschervorstoß ins Meer geschüttet wurden. Wind, Wellen und atlantische Strömungen haben sie bizarr geformt. Ausgefranste, zerklüftete Küsten mit Buchten und Nehrungen, Sandhaken und Küstenteichen. Auf beiden Inseln ist man bemüht, die Auswüchse des Massentourismus in Schranken zu halten. Und beide sind zu Schickeria-Treffs ersten Ranges geworden. Hier versammelt sich im Sommer alles, was Rang und Namen hat. In der Saison ist es oft leichter, Stars aus dem Showgeschäft (sei es Film oder Politik) zu treffen, als einen Parkplatz zu finden.

Doch bei allen Ähnlichkeiten und obschon sie nur wenige Seemeilen trennen, so liegen zwischen den beiden Inseln doch Welten und uralte Rivalitäten. Martha's Vineyard ist ein mondäner Treff der Kulturschickeria und der Neureichen mit prachtvollen Villen und abgeriegelten Privatstränden. Nantucket hingegen – obwohl genauso eine Millionärsinsel – gibt sich beschaulicher. Hier residiert im bescheidenen Taubengrau der Holzhäuser der alteingesessene Yankee-Adel, bei dem Pfennigfuchserei durchaus noch salonfähig ist. «The little gray lady in the sea», wird das Städtchen daher auch genannt.

«*Nantucket! Nimm die Karte zur Hand und studiere sie!*», fordert Hermann Melville in seinem klassischen Roman «Moby Dick» den Leser auf. Mit dem Namen «Melville» ist die Insel ebenso untrennbar verbunden, wie mit dem amerikanischen Walfang. Durch das Walöl ist sie reich geworden, und der Walfang hat den Lebensstil ihrer Bevölkerung geprägt. Er hat diese festgefügte Gemeinschaft geschaffen, durch die sich Nantucket bis heute vom Kap und von der Nachbarinsel unterscheidet. Die größere und prunkvollere Nachbarin ist für die Nantucketer lediglich «jene andere Insel», und bereits auf dem Kap scheint für sie das Ausland zu beginnen. «*Wir fahren in die USA*», heißt es, wenn sie dorthin reisen.

Aller Reichtum der Insel kam von jeher aus dem Meer. Das Landesinnere war und ist kahl und karg, von Strauchland bedeckt, von Moorlöchern und von Heidekraut. «*Einen Eckplatz in der Welt*», nannte es Melville, «*Düne durch und durch; ein Grashalm bedeutet eine Oase, drei sind schon eine Prärie.*»

Fast 200 Jahre lang war Nantucket weltweit das größte Zentrum des Walfangs und zeitweise erwirtschaftete es ein Drittel der Deviseneinkünfte aller Neuenglandstaaten. Ein Nantucketer war es, der 1712 zum ersten Mal einen der gefürchteten Pottwale harpunierte und damit eine neue Epoche des Walfangs einläutete. Über 150 Schiffe lagen zur besten Zeit im Hafen der Stadt, die damals 10 000 Einwohner zählte. Daß ihnen später New Bedford mit seinem tieferen Hafenwasser den Rang ablief, haben sie verkraftet. *«Wir waren schon hundert Jahre lang die Hauptstadt des Walfangs, ehe die dort unten überhaupt wußten, was ein Wal ist!»*, brüsten sich die Insulaner stolz.

Über diese goldene Zeit informiert das Whaling Museum, das im Gebäude einer alten Walöl-Raffinerie untergebracht ist. Es ist nach jenem von New Bedford das beste und bekannteste Museum dieser Art in Neuengland. Aber auch das Städtchen selbst ist wie ein Museum. Die Zeit scheint hier stehengeblieben zu sein. Bis zum letzten Pflasterstein erinnert im Gewirr der Gassen alles an vergangene Jahrhunderte. Von schindelgedeckten Quäkerhäusern und Saltboxes bis zu den stolzen Kapitänsvillen an der Main Street. Auf manchen der Residenzen sind sogar noch jene Dachterrassen zu sehen, die einen freien Blick aufs Meer gewährten und als «Widow's Walk» bekannt wurden, weil dort oben die Kapitänsfrauen besorgte Runden drehten und auf die Rückkehr ihrer Männer hofften.

Die dreimal größere Nachbarinsel Martha's Vineyard hat einen irreführenden Namen. Sie war weder im Besitz einer Dame namens Martha, noch war dort je Wein hergestellt worden – auch wenn Spekulationen in ihr das «Vinland» Eriks des Roten sehen wollen. Benannt wurde die Insel 1602 von dem englischen Forscher Bartholomew Gosnold zu Ehren seiner Tochter Martha und wegen der üppig wuchernden wilden Reben. Heute wuchern in den Gärten der grauen Schindelhäuser Rosen und Geißblatt über die ebenfalls grauen Holzzäune hinweg. Doch ist es hier nicht mehr ganz so dezent und beschaulich wie auf Nantucket. Mit den Sommergästen haben sich allerlei Paradiesvögel aus Showbusiness und High-Snobiety eingenistet, die mit ihrem extravaganten Baustil und ihren Starallüren das heutige Gesicht der Insel prägen.

Walfang und Seehandel haben auch «Marthas Weingarten» reich gemacht, lange bevor der Geldadel das Eiland zum Sommersitz erkor. Wenngleich die hiesige Fangflotte kleiner war als die der Nachbarinsel, so rühmte man sich doch, daß Kapitäne aus Edgartown mehr Schiffe des rivalisierenden Nantucket befehligt haben, als die Nantucketer selbst. Die Betriebsamkeit des Hafens ist längst Vergangenheit, doch bis heute ist Edgartown bekannt für seine schmucken Häuser und seine gepflegte Eleganz. Von der traditionellen Saltbox über strahlend weiße Clapboard-Häuser, die mit schindelförmig angeordneten Brettern (=clapboard) verkleidet sind, bis zu eleganten Herrschaftshäusern und Kapitänsresidenzen im föderalistischen Stil ist hier die ganze Bandbreite neuenglischer Baukunst versammelt.

Ganz anders, wenngleich nicht weniger reizvoll, präsentiert sich Oak Bluffs, wo vor über 160 Jahren der Tourismus auf Martha's Vineyard begann. 1835 richteten Methodisten in dem abgeschiedenen Eichenwäldchen ein Sommercamp ein, um gemeinsam zu beten und zu singen. An einen entspannenden Seeurlaub heutigen Stils dachte damals niemand, doch Anklang muß das Zeltlager wohl gefunden haben, denn im Laufe der Zeit wuchs die Teilnehmerzahl auf 12 000 an. Die Zelte wurden allmählich durch kleine, neogotische Holzhäuschen ersetzt. Lustige, bunte Häuschen im Zuckerbäckerstil, rosa, lindgrün, lavendelfarben oder himmelblau gestrichen und mit allerlei Schnitzwerk und Filigranarbeiten verziert, so daß sie wie zu groß geratene Gartenlauben aussehen. Mehr als 300 dieser Pfefferkuchenhäuschen stehen heute noch – und keines davon gleicht dem anderen.

Lexington und Concord – die Straße der Freiheit

Wenn es etwas gibt, was der amerikanischen Seele noch heiliger ist als der Felsen von Plymouth, dann muß es wohl die Straße zwischen Lexington und Concord sein, auf der nach landläufiger Vorstellung Amerika stracks in die Freiheit marschiert ist. Über diese Straße ritt Paul Revere, um die Rebellen zu warnen, hier ist der erste Schuß der Revolution abgefeuert worden, und hier haben Bauern und Patrioten zum ersten Mal die gut ausgebildete britische Armee in die Flucht geschlagen.

Schon Lexington selbst ist voller Gedenkstätten der Ereignisse von 1775: die Buckman Tavern zum Beispiel, in der sich die Milizmänner vor dem Morgengrauen versammelten, das Hancock-Clarke House, in dem Samuel Adams und John Hancock vom Herannahen der Rotröcke unterrichtet wurden, und das Museum of Our National Heritage, dessen Name schon so erhaben klingt, daß man sich als Nicht-Amerikaner kaum hineinwagt.

Auf dem Lexington Green markiert eine Statue die Stelle, an der Captain Parker mit seinen 77 Freiwilligen den weit überlegenen Briten gegenübertrat. *«Wenn sie einen Krieg wollen, dann soll er hier beginnen!»*, soll er ausgerufen haben. Die Rotröcke schossen ihm acht seiner Minutemen weg und marschierten ungerührt nach Concord weiter. Ihr Weg ist heute die «Battle Road» im Minute Man National Historical Park, teilweise ungeteert wie anno 1775 und mit restaurierten Gebäuden und Tafeln, die alle historisch relevanten Stationen erklären. Der Weg endet an der Old North Bridge von Concord, dort, wo die Briten ihre erste Niederlage gegen die «Lumpenarmee» aus Bauern und Rebellen einstecken mußten. Ein Obelisk kennzeichnet die Stelle, an der die Truppen von General Gage standen. Jenseits der malerischen Brücke – eine Nachbildung, auch wenn sie alt aussehen mag, erhebt sich die berühmte Minuteman-Statue, geschaffen von Daniel Chester French aus dem Material von zehn eingeschmolzenen Armeekanonen.

Concord (Massachusetts) ist aber nicht nur ein hübsches Städtchen, das in die Geschichte eingegangen ist, weil sich dort Rotröcke und Rebellen gegenseitig niedergeschossen haben, sondern es hat sich während Neuenglands Goldener Kulturepoche als literarisches Zentrum und «amerikanisches Weimar» auch weniger blutigen Lorbeer verdient. Hier lebte von 1835 bis 1882 Ralph Waldo Emerson; im Orchard House schrieb Louisa May Alcott ihr Kinderbuch «Little Woman» («Vier Schwestern») und ihr Vater, der Transzendentalist Bronson Alcott, gründete hier die Concord Summer School of Philosophy. Auch Nathaniel Hawthorne lebte einige Zeit in Concord in einem Haus, das er von den Alcotts gekauft hatte. Und der 1817 in Concord geborene Henry David Thoreau – Vorbild vieler Alternativer und Naturfreaks unserer Zeit – hauste zwei Jahre und zwei Monate lang draußen am malerischen Walden-Teich und schrieb dort sein Buch «Walden; oder vom Leben in den Wäldern». *«Ich zog in die Wälder»*, berichtet er dar-

Textfortsetzung S. 129

Sturm der Farben und der Lüfte über der Presidential Range, New Hampshire

nächste Doppelseite: Nauset Light Beach auf Cape Cod, Massachusetts

übernächste Doppelseite: Verborgenes Kleinod in Ammonoosuc Ravine in der Südwestflanke des Mount Washington, New Hampshire

Doppelseite 110/111: Flammender Herbst in den White Mountains, welche zu dieser Jahreszeit ihrem Namen eigentlich nicht gerecht werden (New Hampshire)

Idylle in einem tiefen dunklen Wald im südlichen Vermont

Union Jack und Sternenbanner – neuenglische Tradition

Wo Heilige zweifelsohne sauber bleiben! Zweckentfremdet eingesetzte Badewanne (Vermont)

Kunst am Baum auf der Grand Isle im Lake Champlain, Vermont

Stilles Wasser zaubert Abstraktes in den Raum

In den Dünen auf Cape Cod, Massachusetts

nächste Doppelseite: The Basin, eine Symphonie aus Wasser und Fels bei Franconia Notch, New Hampshire

In einem Hinterhof bei Trenton in Maine

Stilleben an Maines Zentralküste

118 terra magica

Eine Hommage an den Amerikanischen Fußball. Bei South Thomaston, Maine

Die amerikanische Vergangenheit in Blech auf einer Wiese bei St. George, Maine

terra magica 119

Entsorgungsproblem durch Kunst gelöst Bei Damariscotta, Maine

Ein bewohnter Wald auf Cape Cod, Massachusetts

nächste Doppelseite: Föhren bei Cathedral Ledge in den White Mountains, New Hampshire

übernächste Doppelseite: Boston mit dem Charles River nach einem abziehenden Gewitter

Doppelseite 126/127: Romantisches in Somesville auf Mount Desert Island, Maine

Wie vom Computer entworfen – Grafik in einem Teich von Myles Standish State Forest Massachusetts

Erste Wirtschaftskrise durch Klimaänderung

Die nordöstliche Küste – das heutige Gebiet Neuenglands – müssen sie vor etwa 10 000 Jahren erreicht haben, zu einer Zeit also, als Amerika von seiner ersten großen klimatischen Krise heimgesucht wurde.

Das Klima erwärmte sich, die Eiskappe schmolz, aber es wurde auch trockener und die Vegetation dadurch spärlicher. Durch diese Veränderungen – und möglicherweise auch durch zu erfolgreiche Jagd – starben weit über hundert Arten von Säugetieren aus, darunter Mammut und Mastodon, mehrere Bisonarten, Riesenfaultier, Pferd und Kamel, die bis dahin die Lebensgrundlage der ersten Amerikaner dargestellt hatten.

Damit war die amerikanische Kultur der Großwildjagd zu Ende, und jeder mußte sich seine eigene Nische suchen. Die Jäger in den Waldgebieten an den großen Seen und im heutigen Neuengland ergänzten ihre Beute durch Kleintiere, entwickelten neue Jagdmethoden und erfanden Pfeil und Bogen. An der Küste lernte man, aus Baumstämmen oder aus Fellen Boote zu bauen, Harpunen und Netze herzustellen und die Nahrungsfülle des Meeres zu nutzen.

Bei Boston hat man die Überreste eines rund 4 000 Jahre alten, riesigen Fischwehrs gefunden, das eine Fläche von etwa 40 x 200 Meter abriegelte. Im heutigen Bundesstaat New York entwickelte sich um die gleiche Zeit – also relativ früh – die erste archaische Kulturstufe, die Lamoka-Kultur, die bald von der aus den nördlichen Wäldern stammenden Laurentischen Kultur abgelöst wurde. An den oberen Großen Seen hatte sich bereits vor etwa 5 000 Jahren die bis heute rätselhafte Alte Kupferkultur herausgebildet, die aus in reiner Form gefundenen Kupferklumpen Werkzeuge und Waffen hämmerte und damit eine der ältesten Metallkulturen der Welt darstellt. Allerdings waren Heißschmieden, Gießen und Legierungen unbekannt. Um 600 v.Chr. dehnte sich die Hopewell-Kultur von Westen her zum heutigen New York aus. Sie basierte vor allem auf einem blühenden Handel sowie der Weiterentwicklung der kalten Metallverarbeitung und stellt einen im ganzen östlichen Nordamerika nicht wieder erreichten Höhepunkt dar.

Aus ihr sollen u.a. die Irokesen hervorgegangen sein. Im ersten Jahrtausend unserer Zeitrechnung entwickelte sich im heutigen Neuengland – vermutlich durch Einflüsse aus Mittelamerika – der Ackerbau mit Anpflanzungen von Mais, Kürbissen und Bohnen.

Dann tauchten die ersten Europäer an der amerikanischen Küste auf: die Wikinger. Sie erreichten zumindest die Nordküste Neufundlands – manche glauben, sie seien bis zum heutigen Rhode Island vorgestoßen – und kamen mit Eingeborenen in Kontakt, die sie «Skraellinger» nannten und als klein, mißgestaltet und häßlich beschrieben. Man ist sich nicht schlüssig, ob diese Skraellinger Eskimos waren, die damals die Nordküste Neufundlands besiedelten, oder Beothuk-Indianer aus dem Inselinneren. Das Gastspiel der Wikinger war jedoch nur von kurzer Dauer. Es hatte weder für Amerika noch für Europa bleibende Auswirkungen und geriet bald wieder in Vergessenheit.

Die Algonkin-Indianer

Die Ureinwohner, denen die ersten Erforscher und Siedler an den Küsten Neuenglands begegneten, gehörten zur Sprachfamilie der Algonkin (oder Algonquin), die zahlreiche verschiedene Stämme umfaßte. Sie waren ursprünglich in den riesigen Waldgebieten nördlich der Großen Seen zu Hause und haben erst im 14. und 15. Jahrhundert die Wälder Neuenglands besiedelt. Um 1500 sollen etwa 100 000 Indianer dort gelebt haben, die sich vom Ackerbau (insbesondere Mais, aber auch Bohnen, Kürbisse und Sonnenblumen), von der Jagd und vom Fischfang ernährten. Sie errichteten Langhäuser aus Rinde, bauten Einbäume und ausgedehnte Reusen. Oberhaupt eines Stammes war der «Sachem», ein Häuptling, der mehrere Ratgeber und Unterhäuptlinge zur Seite hatte.

Im Gegensatz zu den weiter westlich (u.a. im heutigen Staat New York) lebenden Irokesen bildeten die Algonkin jedoch kein einheitliches Gemeinwesen, sondern gliederten sich in mindestens ein Dutzend unabhängige Stämme. Zu den größten und mächtigsten gehörten die Narragansetts von Rhode Island und Connecticut, die Pequots in Connecticut, die Massachusetts in der nach ihnen benannten Region und die Wampanoag an der Narragansett-Bucht. Im heutigen Maine und Vermont lebten die Abnaki (oder Wabenake), die amerikanischen «Morgenländer» (people of the dawn), und im heutigen New Hamsphire die Pennacook. Weiterhin gab es eine Anzahl kleinerer Stämme, die manchmal nicht mehr als hundert Mitglieder zählten, wie etwa die Nauset auf Cape Cod, die Nipmuc, Penobscot und Patuxet. Wo immer im Laufe ihrer Entdeckungen und Eroberungen Europäer auf andere Völker trafen, da nahm es für diese meist kein gutes Ende. Manche wurden rasch besiegt und vernichtet, andere christianisiert und allmählich zugrunde gerichtet. Von den Stämmen Neuenglands wurden manche dezimiert oder völlig ausgerottet, noch bevor sie überhaupt einen Weißen zu Gesicht bekommen hatten. Der Tod aus Europa warf seine Schatten weit voraus. Händler und Fischer hatten europäische Krankheiten an die Küste gebracht, die es in Amerika zuvor nie gegeben hatte und gegen die die Indianer folglich keine Abwehrkräfte besaßen! Pest, Pocken und Tuberkulose verbreiteten sich von Stamm zu Stamm. Schon um 1600 waren etwa drei Viertel der Algonkins in Neuengland ausgelöscht. Als die Pilgerväter um 1620 ankamen, fanden sie die Äcker der Patuxet brachliegend, die Dörfer voller Skelette und das Volk bis auf die letzte Seele ausgestorben.

Dennoch begegneten die meisten Stämme den ersten Siedlern freundschaftlich. Sie versorgten sie mit Nahrung und Saatgut und lehrten sie den Anbau von Mais und Bohnen. Viele Neuankömmlinge haben nur dank indianischer Hilfe die ersten Winter überlebt. Bald jedoch merkten die Indianer, welche Schlange sie genährt hatten. Die Weißen wurden immer rücksichtsloser, stießen immer weiter vor und verdrängten die Algonkin aus ihren angestammten Gebieten.

Als sich die Indianer um 1636/37 erstmals gegen die Weißen erhoben, wäre fast jeder Stamm fähig gewesen, die Eindringlinge zu besiegen. Auch in den Indianerkriegen von 1675/76 wären die Weißen auf sich allein gestellt wahrscheinlich unterlegen. Doch die Algonkin Neuenglands waren nicht nur in einzelne Stämme zersplittert, sondern lagen auch untereinander ständig im Krieg. Sie bekämpften einander oft mit äußerster Grausamkeit, marterten ihre Gefangenen und verspeisten sie schließlich. Der Nachbar war der «natürliche» Feind; der Nachbar des Nachbarn demzufolge der «natürliche» Verbündete. So kämpften die Indianer in wechselnder Besetzung an der Seite der Weißen und vernichteten einander gegenseitig, während die Eindringlinge in der Rolle des lachenden Dritten davon profitierten.

Die Irokesen

Von ganz anderer Art waren die Irokesen, deren Siedlungen weiter landeinwärts im heutigen Staat New York lagen. Sie hatten sich, von Süden kommend, wie ein Keil zwischen die Algonkin geschoben. Solchermaßen von Feinden umgeben, mußten die Irokesenstämme ein Bündnis schließen oder zumindest untereinander Frieden halten, um überleben zu können. Nach endlosen Fehden und Selbstzerfleischungen gelang es dem Mohawk-Häuptling Hiawatha (der durch das gleichnamige Versepos des in Maine geborenen Dichters Henry Wadsworth Longfellow unsterblich geworden ist) um 1570 nach langen Bemühungen, fünf Stämme zu einem Freundschafts- und Beistandspakt zu einigen: die Mohawk, Oneida, Onondaga, Cayuga und Seneca (um 1720 kamen noch die Tuscarora hinzu). Als die «Fünf Nationen» wurde der Stammesbund bekannt und gefürchtet.

Die weiterhin unabhängigen Völker entsandten Sachems (Friedenshäuptlinge, die aus bestimmten Clans stammen mußten) und Kriegshäuptlinge (bewährte Kämpfer ungeachtet der Clan-Zugehörigkeit) in den gemeinsamen «Rat der Fünfzig», der über Konflikte beriet sowie die Verteidigung regelte und stammweise abstimmte. Obwohl die fünf Stämme zusammen nicht mehr als etwa 15000 Mitglieder zählten, waren sie durch ihr Bündnis den zahlenmäßig viel stärkeren Algonkin weit überlegen.

Sie wohnten in tunnelförmigen, rindengedeckten Langhäusern, die bis zu zwanzig Familien Platz boten und umgaben ihre Dörfer mit einem Palisadenzaun. Die Frauen pflanzten Mais, Bohnen und Tabak an. Ihnen gehörten die Felder, die Langhäuser und die wirtschaftliche Macht.

Ältere Frauen, die sogenannten Clan-Mütter, bildeten den Vorstand in den Langhäusern und hatten das Recht, die neuen Sachems vorzuschlagen. Die Irokesen waren eine matriarchalische Gesellschaft. Sie waren im Gegensatz zu vielen anderen Stämmen eine überraschend humane und soziale Gesellschaft: rücksichtsvoll gegen die Alten und Schwachen, großzügig und gastfreundlich.

In krassem Gegensatz zu diesem Verhalten innerhalb des Stammes stand ihre blutige Grausamkeit gegen Feinde. Sie erwarben sich in weitem Umkreis den Ruf der Unbesiegbarkeit und waren so gefürchtet, daß allein der Ruf «Irokesen!» genügte, um ganze Dörfer in panische Flucht zu schlagen. *«Sie schleichen heran wie die Füchse, kämpfen wie die Löwen und verschwinden wie die Schlangen»*, schrieb der Jesuitenpater Lallemand. Die Irokesen wurden zum

SELTSAME KOALITIONEN

VERRAZANO ERINNERTE SICH AN RHODOS – DARUM RHODES ISLAND

Schrecken ihrer Nachbarn. Sie marterten und mordeten und vernichteten nicht nur ganze Algonkinstämme, sondern auch irokesische Bruderstämme, die sich nicht ihrem Bund angeschlossen hatten, wie z.B. die Huronen und Eries im Gebiet nördlich der Fünf Nationen. In logischer Konsequenz wurden auch die im Huronengebiet sich ausbreitenden Franzosen zu Todfeinden der Irokesen. Während die Franzosen mit den Huronen Zweckbündnisse schlossen, waren die Engländer als Gegner der Franzosen wiederum natürliche Verbündete der Irokesen. Doch die Fünf Nationen hatten ihr Reich zu einer Zeit aufgebaut, als die Tage der Indianer bereits gezählt waren. Auf dem Höhepunkt ihrer Macht angelangt, wurden sie unvermittelt zu Vasallen ihrer europäischen Verbündeten: den Engländern.

Entdecker und Forscher

Der Genuese Christoph Kolumbus war 1492 im Auftrag der spanischen Krone gesegelt, um eine Westroute nach Indien zu finden, und hat dabei bekanntlich die Westindischen Inseln (Karibik) entdeckt. Sein Landsmann Giovanni Caboto (John Cabot) überquerte 1497 und 1498 im Namen von König Heinrich VII. von England den Atlantik auf einer weiter nördlich gelegenen Route in der Hoffnung, zu den Schätzen von Cathay und Cipango (China und Japan) zu gelangen, und er entdeckte dabei Neufundland und die Küste der heutigen Neuenglandstaaten. Während Kolumbus für seine Entdeckungen der Rang des Vizekönigs in den neuen Kolonien und eine zehnprozentige Gewinnbeteiligung versprochen worden war (ein Versprechen, das die Spanier nie einlösten), erhielt Caboto zehn englische Pfund bar auf die Hand. Ein bescheidener Lohn, wenn man bedenkt, daß die Engländer aus dieser Expedition den Anspruch auf das gesamte Nordamerika östlich der Rocky Mountains und nördlich von Florida ableiteten. Spanien begann rasch damit, die entdeckten Gebiete zu kolonisieren und sich an Gold und Silber zu bereichern; das wirtschaftlich kränkelnde England begnügte sich die nächsten hundert Jahre hindurch mit seinem bloßen Anspruch und hoffte weiter auf die Nordwestpassage, da das mächtige Spanien den Südatlantik beherrschte.

Im Dienste des französischen Königs Franz I. erkundete der Florentiner Giovanni di Verrazano 1524 die Hudson-Mündung, die Narragansett Bay und die Küste von Maine. Eine der Inseln, die bei den Indianern Aquidneck hieß, erinnerte ihn so sehr an das griechische Rhodos, daß er sie Rhodes Island nannte. Ein Name, der bis heute geblieben ist. 1534 und 1535 erforschte der Franzose Jacques Cartier aus St. Malot den St.-Lorenz-Seeweg. John Frobisher gelangte auf seiner Suche nach der Nordwestpassage 1570 bis zur Baffin Island, und der von den Holländern finanzierte Engländer Henry Hudson erforschte mit der gleichen Hoffnung 1609 den später nach ihm benannten Fluß. Samuel Champlain, nach dem der große See im Westen Vermonts benannt wurde, bereiste Gebiete nördlich von Neuengland und gründete 1608 Quebec. Damit legte er den Grundstein zu Neu-Frankreich. Im folgenden Jahr war er der erste Weiße, der das heutige Vermont erreichte. Als «Grüne Berge» (Verts Monts) bezeichnete er das waldreiche Bergland und prägte dadurch den Namen des heutigen Staates.

Bereits John Cabot hatte von reichen Kabeljau-Vorkommen vor der Küste Neufundlands berichtet, und wenige Jahre später legten Fischer aus England, Frankreich, Spanien und Portugal in diesen Gewässern ihre Netze aus. Den Fang verarbeiteten sie in einfachen Camps an der Küste, wo sie erstmals mit den Indianern in Berührung kamen. Ein schwunghafter Tauschhandel entwickelte sich, der den Seeleuten gegen Ende des Jahrhunderts eine weitere Einnahmequelle erschloß: den Pelzhandel.

Englische Kolonien

Die Spanier hatten im Süden bereits ein Weltreich gegründet, und im Norden waren die Franzosen bis Montreal vorgedrungen. Die Engländer indes waren über sporadische Küstencamps der Händler und Fischer nicht hinausgelangt. Gegen Ende des Jahrhunderts begannen sie jedoch, den Spaniern die Seeherrschaft streitig zu machen und ihre Macht auszudehnen. Männer wie Humphrey Gilbert

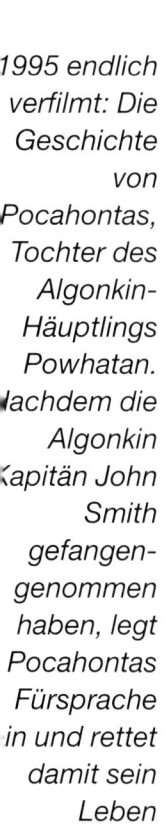

1995 endlich verfilmt: Die Geschichte von Pocahontas, Tochter des Algonkin-Häuptlings Powhatan. Nachdem die Algonkin Kapitän John Smith gefangengenommen haben, legt Pocahontas Fürsprache in und rettet damit sein Leben

und Sir Walter Raleigh bemühten sich, dauerhafte Kolonien zu gründen. Zunächst allerdings mit wenig Erfolg: Gilbert ertrank, als drei seiner vier Schiffe vor Neuengland sanken; Raleighs Kolonisten auf der sumpfigen Insel Roanoke verschwanden allesamt spurlos und auf höchst mysteriöse Weise. Andere Gruppen – selbst die erfolgreichsten – wurden durch Hunger und Krankheiten nahezu restlos vernichtet, oder sie gaben auf und segelten nach England zurück.

Im Jahre 1606 gründeten reiche Händler schließlich die beiden Virginia Companies: eine Virginia Company mit Sitz in London und eine mit Sitz in Plymouth. Beiden verlieh König James I. das Privileg, irgendwo zwischen dem heutigen North Carolina und Neuschottland eine Kolonie zu gründen. Die Londoner erhielten die südliche Hälfte, suchten sich die Chesapeake Bay aus und setzten sich noch im selben Jahr mit drei Schiffen in Bewegung, um 1607 Jamestown Virginia zu gründen. Die Plymouther hingegen mußten mit dem rauheren Nordland vorliebnehmen und ihre Kolonie am Kennebec River unter George Popham scheiterte zunächst am harten Neuengland-Winter. Daraufhin beauftragten sie den erfahrenen Seemann John Smith, die Küste genauer zu erkunden und Orte für eine erfolgversprechende Kolonie ausfindig zu machen. Smith, ein sehr rühriger Mann, hatte bereits in Jamestown Erfahrungen gesammelt, war von den Indianern gefangengenommen und nur durch die Häuptlingstochter Pocahontas vor dem Marterpfahl bewahrt worden (s. Bild Seite 29).

Er bereiste die Küste 1614 und zeichnete eine erstaunlich genaue Karte. Durch seinen Bericht «A Description of New England» verlieh er dem Gebiet nicht nur seinen heutigen Namen, sondern er trug mit seinen verlockenden und vielgelesenen Schilderungen auch maßgeblich dazu bei, potentielle Siedler auf dieses «Neue England» aufmerksam zu machen: *«Zwischen dem Penobscot und dem Sagadahoc (Kennebec River) ist die Küste felsig und von Inseln gesäumt und bedeckt von Wäldern mit allen Arten der prachtvollsten Bäume, die hervorragend zum Bau von Häusern, Booten und Schiffen geeignet sind. Die Küste ist unglaublich reich an nahezu allen Fischarten, an Enten und Gänsen sowie allerlei köstlichem Obst und Beeren. Kaum eine Bucht, in der man nicht Muscheln und Hummer im Überfluß findet, so daß man sie nur bei Ebbe aufsammeln muß. Sandstrände und Felsküsten, die auch noch mit Gärten und Maisfeldern bestückt sind. Wer würde dies nicht für einen der Gesundheit und Fruchtbarkeit äußerst zuträglichen Ort halten? Und ich, der alle vier Erdteile, die bislang nicht bewohnt sind, selbst gesehen hat, ich würde ... mich sofort hier niederlassen, und zwar lieber als anderswo.»*

Den armen, landlosen Schluckern im «alten» England mußte das wie ein Milch-und-Honig-Land erscheinen, und so wagten sie den für heutige Jet-Touristen unermeßlichen Sprung in eine völlig neue Welt.

Die Pilgerväter

An einem stürmischen Novembertag des Jahres 1620 erreichte ein Schiff mit 102 erschöpften Passagieren bei Cape Cod die Küste Neuenglands. Ein stolzer 180-Tonnen-Segler war es, der zusammen mit seinen Passagieren zum

Vor Mayflower kamen schon Hunderte von Schiffen

Pilgerväter nannten sich schlicht Heilige

Inbegriff der Besiedlung Neuenglands geworden ist – und nicht nur Neuenglands, sondern Nordamerikas überhaupt. Sein Name war Mayflower, und seine Passagiere sind als die «Pilgerväter» in die Geschichte eingegangen. Jeder Grundschüler in den USA bekommt diese Namen eingetrichtert, und auch bei uns begegnet man ihnen in fast jedem Englischlehrbuch. Ihre Fahrt wird heute fast mit der Entdeckung Amerikas gleichgesetzt, die damals immerhin schon mehr als 120 Jahre zurücklag! Die Pilgrims wurden zu den «ersten Siedlern», ja zu den «ersten Amerikanern» überhaupt stilisiert, obwohl vor ihnen bereits Hunderte von Schiffen in diesen Gewässern gekreuzt hatten, Dutzende von Siedlergruppen Jahrzehnte früher angekommen waren und in Virginia seit 13 Jahren eine dauerhafte Kolonie bestand. Der Plymouth Rock (jener Felsen, auf dem sie erstmals den amerikanischen Kontinent betreten haben sollen) wurde gar zur Grundfeste von Freiheit und Demokratie sowie zum Fundament, auf das sich die gesamte amerikanische Nation zu gründen scheint, obwohl kein Kapitän je auf die unsinnige Idee gekommen wäre, ausgerechnet auf einem Felsen zu landen, wenn gleich daneben ein Strand und eine Flußmündung warten.

Doch das Geschichtsbild der Schulbücher wird vielleicht überall mehr aus solchen Mythen bestehen als aus den nackten Fakten, und jedes Volk wird diese Gründungsmythen brauchen, um sich als Volk und Nation zu begreifen. Was macht es also, daß alles am heutigen Pilgrim-Kult der Amerikaner erst nachträglich begründet, zusammengereimt oder gar frei erfunden wurde? Fakt ist, daß der Mythos von den Pilgervätern die Amerikaner und das heutige Amerika stärker geprägt hat als alle historischen Tatsachen zusammen, und daß er dadurch wiederum wirk-licher (im Sinne von «wirksamer») wurde als jede längst verblaßte Realität.

Selbst der Name «Pilgerväter» ist erst vor etwa 150 Jahren erfunden worden. Die Passagiere der Mayflower waren eine bunt zusammengewürfelte heterogene Gruppe. Nur 41 von ihnen (17 Männer, 9 Frauen und 14 Kinder) waren jene Glaubensflüchtlinge, mit denen heute alle Pilgrims gleichgesetzt werden, und die man obendrein noch fälschlich mit den Puritanern von Boston in einen Topf wirft. Und selbst diese Gruppe nannte sich nicht «Pilgerväter», sondern schlicht und unbescheiden «Heilige» (saincts). Daneben segelte auf der Mayflower eine fast genauso starke Gruppe von vierzig sogenannten «Fremden» (strangers), freien und unabhängigen Siedlern, die von den Financiers der Unternehmung angeworben worden waren und nicht zu der separatistischen Religionsgemeinschaft gehörten. Weiterhin waren einige Arbeitskräfte an Bord, die gegen Bezahlung mitfuhren (hired hands), und 18 sogenannte «Diener» (servants), die genaugenommen nichts anderes waren als Sklaven auf Zeit.

Wer aber waren diese «Saincts», um die es eigentlich geht, und woher kamen sie? Im Europa des 16. Jahrhunderts war die Welt in Umbruch geraten. Nicht nur, daß Kolumbus eine Neue Welt entdeckt hatte, auch das religiöse Weltbild brach plötzlich aus den Fugen. Die Reformation fegte durch Europa und verschonte auch das Inselreich der Briten nicht. Gewisse Schichten des Volkes erwachten zu eigenem Bewußtsein – zum ersten Mal konnten

Separatisten ist Amsterdam zu fröhlich ...

... obwohl auch Puritaner lieber Bier als Wasser trinken

sie selbst die Bibel lesen! Plötzlich entdeckte man die Diskrepanz zwischen Bibelwort und päpstlichem Pomp. Das Volk lief Sturm – oder genauer – seine wache, progressive Avantgarde. Was nicht in der Bibel begründet war, galt als Teufelszeug: klerikaler Prunk und kirchliche Machtstrukturen ebenso wie die ausgefeilte Liturgie. Das Niederknien zum Empfang der Kommunion, das Zeichen des Kreuzes, selbst die Weihnachtsfeier – alles wurde als ruchlos und heidnisch verdammt. Gewissens- und Glaubensfreiheit wurden plötzlich gefordert. Mit eisernem Besen sollte die Kirche von allem gereinigt werden, was nicht ausdrücklich in der Bibel stand. Die Reinheit (purity) der Lehre hatten diese christlichen Fundamentalisten auf ihr Banner geschrieben. Aus den Puristen wurden Puritaner. Einer kleinen, aber besonders radikalen Untergruppe der Puritaner schien eine Kirchenreform von innen her unmöglich. Ihre Anhänger spalteten sich von der Anglikanischen Kirche ab und wurden zu Dissenters oder Separatisten (nach einem ihrer Vorbilder auch Brownisten genannt).

Um Gefängnis und Galgen zu entgehen, floh 1608 ein Häuflein dieser Separatisten aus dem Städtchen Scrooby in Nottinghamshire bei Nacht und Nebel übers Meer ins protestantische und tolerantere Holland. Dort lebten sie mit ihrem Pastor John Robinson zwölf Jahre lang frei, aber in Armut und hatten ihre liebe Not, die strenge puritanische Lehre gegen batavische Fröhlichkeit, Lachen am Sabbat und «allerlei lose Sitten» zu verteidigen. Selbst nachdem sie sich aus dem weltstädtischen und lasterhaften Amsterdam ins ländlichere Leyden zurückgezogen hatten, fürchteten sie um die Glaubensfestigkeit ihrer Kinder.

Dabei darf man sich die Separatisten nicht als blasse, blutleere Säulenheilige vorstellen. Sie waren keine bigotten Frömmler, keine traurigen Pietisten und keine galligen Sauertöpfe, sondern kraftvolle, lebensfrohe Männer und Frauen. Wohl hatten sie ihre strengen Regeln für Sabbat, Gottesdienst und Lebenswandel; sie gingen aber die Woche hindurch keineswegs in Puritanergrau, genossen die Freuden des Lebens und klagten laut ihre Not, wenn es statt Bier nur Wasser zu trinken gab. Ruhelos und neugierig waren sie, entschlossen, für ihre Überzeugungen einzustehen – notfalls mit ihrem Leben – mutig, leidenschaftlich und voll unerschöpflicher Energie. Wie anders hätten sie die Aufgabe bewältigen können, die vor ihnen lag?

Nach jahrelangen Verhandlungen erhielten sie schließlich von der Virginia Company das Recht, im Norden der Kolonie, etwa zwischen dem Delaware und dem Hudson River, zu siedeln. Sie hatten einige Londoner Geschäftsleute und Glücksritter unter der Führung von Thomas Weston dafür gewinnen können, ihr Unternehmen – gegen spätere Gewinnbeteiligung – zu finanzieren.

Im Sommer 1620 segelten sie an Bord der Speedwell nach Southampton, wo die Mayflower bereits auf sie wartete. An Bord dieses größeren Schiffes waren weitere Siedler bereit zum großen Sprung – überwiegend Strangers aus London und Südengland. Beide Schiffe stachen in See, doch die Speedwell erwies sich als «leck und so undicht wie ein Sieb», so daß man wieder umkehren mußte. Mehrere Versuche, das Schiff abzudichten, brachten nichts als lange Verzögerungen. Schließlich mußte man die Speedwell aufgeben und einen Teil der Passagiere zurücklassen. Die anderen drängten sich auf die überladene Mayflower. Erste Herbststürme fegten bereits über den Atlantik, als sie schließlich am 6. September 1620 von Plymouth (Devon) endgültig Kurs auf Amerika nahm.

Nach 66 Tagen auf See und eisigen Orkanen, während derer die frommen Pilgerväter mehrmals damit rechneten, «meate for ye fishes» zu werden, ging die Mayflower im Schutz von Cape Cod vor Anker, ungefähr dort, wo heute Provincetown liegt. *«Durch hohe Wellen, Nebel und Sturm hatten sie ihr ursprüngliches Ziel in Virginia um Hunderte von Kilometern verfehlt»*, behauptet die Pilgrim-Saga. Doch heute hält man es für höchst unwahrscheinlich, daß ein erfahrener Kapitän wie Christopher Jones sich so gründlich getäuscht haben soll. Viel eher wird vermutet, daß die Heiligen von Anfang an nicht die Absicht hatten, nach Virginia zu segeln, wo doch die Anglikanische Kirche bereits fest etabliert war. Sicher war es kein Zufall, daß sie sich vor ihrer Abreise mit Kapitän John Smith beraten hatten und seine Karte bei sich führten. Lieber als im Dunstkreis der verhaßten Anglikaner wollten sie frei und unabhängig in der neuenglischen Wildnis siedeln, auch wenn ihr mit Mühe erworbener Rechtstitel dort keinen Pfifferling wert war.

Den Strangers und Unfreien waren Anglikaner und religiöse Freiheit herzlich egal. Für sie hatte Freiheit einen anderen Namen. *«An der Küste Neuenglands sind wir nicht nur außerhalb des Gültigkeitsbereiches unseres Landtitels,»* sagten sie sich, *«sondern auch außerhalb des Einflußbereichs jeder Regierungsgewalt. Also können wir machen, was wir wollen und auf jede Vertragspflicht pfeifen!»*

Das war natürlich Meuterei. Doch die Leydener-Gruppe – wiewohl in der Minderzahl – dachte nicht daran, ihre führende Stellung aufzugeben oder mit anderen zu teilen. Die Aufrührer zu hängen war unmöglich, denn zum einen benötigte man jeden Mann für die bevorstehende Arbeit, zum andern waren einige der Rebellen «Diener» und damit ein Besitztum, das man nicht leichtfertig zerstörte. Also beschlossen die Pilgrims, durch einen Vertrag die Geschlossenheit und Solidarität der Gruppe zu sichern und setzten den berühmten «Mayflower Compact» auf. Darin verbanden sich die Unterzeichner zu einem «Civil Body Politic» und verpflichteten sich zu einer «gerechten und gleichen Gesetzgebung zum allgemeinen Wohle der Kolonie», der «alle Respekt und Gehorsam schuldig sind». Eine Übereinkunft, die trotz ihrer Einseitigkeit gültig bleiben sollte, bis die Kolonie der Pilgerväter 71 Jahre später in der «Massachusetts Bay Colony» aufging. Als Civil Body Politic machte man sich sofort daran und wählte John Carver zum Gouverneur – den einzigen wohlhabenden Händler unter lauter armen Handwerkern. Der jedoch starb bereits vor dem Ende seiner einjährigen Amtszeit. Sein Nachfolger William Bradford hingegen wurde dreißigmal wiedergewählt. Ihm und seiner Chronik «Of Plimoth Plantation» verdankt die Nachwelt ihr Wissen über die Pilgerväter in der Zeit von 1606 bis 1647.

Heute lernt in den USA jedes Schulkind, daß der berühmte Mayflower Compact in der Kapitänskajüte auf Brewsters Koffer unterzeichnet wurde, und daß er die Grundfeste und das Allerheiligste der amerikanischen Demokratie darstellt. Ersteres ist eine Spekulation der Bil-

Pilgerväter halten nichts von Gleichheit

dermaler, letzteres mit Sicherheit verkehrt. Der Vertrag sollte den Status quo auf der Mayflower festschreiben, die Position der Heiligen sichern und alle Aufrührer und Diener in ihre Schranken weisen. Daß die Pilgrims nichts für Gleichheit und Demokratie übrig hatten, zeigt die gesamte Geschichte ihrer Kolonie, in der Frauen, Besitzlose und Diener kein Wahlrecht genossen. Dennoch hatten sie einen für ihre Zeit revolutionären Schritt getan, hatten sie doch mit der aristokratischen Hierarchie Europas gebrochen und einen Meilenstein auf dem Weg zur Demokratie gesetzt.

Nachdem sie sich solchermaßen ihren Platz in der Weltgeschichte gesichert hatten, galt es nun, eiligst einen Platz für die Kolonie zu finden, denn es fror und schneite bereits heftig. Man setzte eine Gruppe Bewaffneter ans Ufer, deren Oberbefehl der Stranger Miles Standish erhielt, eine etwas wunderliche Erscheinung: klein, rothaarig und cholerisch, von seinen Feinden als «Kapitän Krabbe» verspottet. Doch Standish war ein kampferprobter Soldat reiferen Alters, der das, was ihm an Leibeslänge fehlte, durch Mut und Entschlossenheit mehr als wettmachte. Zeit seines Lebens sollte er die bewaffneten Kräfte der Kolonie kommandieren, und immer wieder ging er durch seine Unerschrockenheit siegreich aus Konflikten hervor, in denen er mit seinen paar Mannen geradezu grotesk unterlegen war.

Unsterblichen Ruhm gewann der erste Heerführer Neuenglands posthum durch Longfellows Gedicht «The Courtship of Miles Standish». Vorerst bestand seine Streitmacht aus einem Dutzend Männern mit Brustharnisch, Piken und Hakenbüchsen. An ihrer Spitze verschwand er im Waldesdickicht, um das Land zu erkunden. Nach einigem Hin und Her und weiteren Expeditionen beschlossen die Pilgrims schließlich, das Kap zu verlassen und an einer geschützten Bachmündung auf dem Festland zu siedeln. Am 25. Dezember – denn Weihnachten zu feiern galt ihnen als heidnisch und gegen die Schrift – begannen sie mit dem Bau ihrer Siedlung, die sie New Plimoth nannten, nach der Stadt, von der aus sie die Alte Welt verlassen hatten. Ein Gemeinschaftshaus entstand, das auch für Gottesdienste seinen Zweck erfüllte, eine Plattform für Standishs Kanone und Wohnhäuser aus grobgesägten Brettern, denn Blockhäuser kannte man nicht, die kamen erst später mit den schwedischen Siedlern nach Amerika.

Erdhügel mit Mais- und Bohnenvorräten

Der erste Winter muß fürchterlich gewesen sein. Die Hälfte der Mayflower-Passagiere starb an Kälte, Krankheit und Entbehrungen. Dabei hatten die Saincts noch Glück – geradezu sagenhaftes Glück, daß überhaupt einer von ihnen überlebte. Denn als sie die Umgebung ihrer Kolonie erkundeten, fanden sie sie völlig menschenleer. Sie trafen auf keinen der 3 000 Massachusetts-Indianer, die noch von John Smith als unfreundliche Bewohner dieses Gebietes beschrieben worden waren. Auf ihren Streifzügen entdeckten die Siedler zunächst Erdhügel, und als sie diese aufgruben, fanden sie darin Mais und Bohnen, die sie mitnahmen, ohne sich um das Schicksal jener zu kümmern, deren Saatgut und Nahrungsvorrat sie plünderten. *«Gelobt sei Gott,»* riefen sie, *«der so wunderbar sein auserwähltes Volk versorget!»* und schleppten den Mais von dannen.

Doch Gottes Güte und Vorsehung reichte noch weiter. Die kriegerischen Massachusetts waren nämlich verschwunden, und als man ih-

Letzter Indianer... ... lehrt hilflosen Europäern das Überleben

re Dörfer entdeckte, da fand man die Langhäuser voller Skelette, das Land von Knochen bedeckt und die Felder brachliegend. Eine gräßliche Seuche war im Jahre 1617, ausgehend von den Fischcamps an der Küste von Maine, durch die Wälder Neuenglands gefegt und hatte die Patuxet bis auf den letzten Säugling vernichtet. Für die Saincts war die Sache klar: Gott hatte sein Volk ins gelobte Land geführt wie einst Abraham und in seiner Güte und Weisheit hatte er ihm gleich Siedlungsraum sowie gerodete und bestellte Äcker geschaffen und darüber hinaus die barbarischen Indianer vernichtet.

Auf rätselhafte und verschlungene Weise hatte der Herr jedoch einen einzigen Patuxet-Indianer namens Squanto (oder Tisquantum) von dem Schicksal seiner Stammesangehörigen bewahrt, um dem auserwählten Volk einen Helfer an die Seite zu geben. Ironischerweise war es tatsächlich jener letzte Patuxet, dem die Pilgrims mehr als allem andern ihr Überleben in der Neuen Welt verdankten. Die abenteuerliche Geschichte des Squanto mutet wie ein kleines Wunder an: Im Jahre 1605 verschleppte ihn eine Forschungsgruppe unter Kapitän Waymouth über den Atlantik nach England. Kapitän John Smith brachte ihn 1614 wieder zurück, doch schon kurz darauf wurde er zusammen mit 20 anderen Patuxets und sechs Nausets von Thomas Hunt gekidnappt, erneut nach Europa gebracht und auf dem Sklavenmarkt von Malaga verkauft. Mönche lösten ihn aus, um seine Seele zu retten, und er gelangte nach London, wo er einige Jahre bei John Slany, einem reichen Händler und Schatzmeister der Newfoundland Company, lebte. 1619 schließlich überquerte der weitgereiste Indianer zusammen mit Kapitän Thomas Dermer den Atlantik ein viertes Mal und kam gerade sechs Monate vor der Mayflower in seiner Heimat an. Doch inzwischen waren seine Angehörigen und Freunde alle tot, sein Volk ausgelöscht, und so suchte er beim benachbarten Stamm der Wampanoag Zuflucht.

Dieser Squanto, der letzte Patuxet, lehrte die reichlich hilflosen Heiligen die Tricks und Kniffe des Überlebens in der Wildnis und den Anbau von Mais. Bis zu seinem Tod blieb er ihnen ein unschätzbarer Ratgeber und Dolmetscher im Kontakt zu anderen Indianern.

Kaum war der Winter überstanden, da kam von der Narragansett Bay her König Massasoit (Gelbe Feder), der mächtige Häuptling der Wampanoag, mit 60 wild bemalten Kriegern persönlich vorbei, um der kümmerlichen Kolonie einen Besuch abzustatten. Die Pilgrims taten alles, um Eindruck zu schinden und ihren jämmerlichen Zustand zu verbergen: Das einzige fertige Gebäude wurde rasch herausgeputzt, die zahlreichen Gräber wurden als Maisacker getarnt, und «Kapitän Krabbe» samt seinen Männern präsentierten alles verfügbare Blech, während sie den hünenhaften Indianerhäuptling als Ehrenwache durch das Lager geleiteten. Gouverneur Carver empfing den nackten Wilden im roten Samtmantel und reichte ihm zur Begrüßung einen Becher Schnaps, aus dem der Häuptling einen *«so gewaltigen Zug tat, daß er hernach die ganze Zeit über gar heftig schwitzte»*, wie einer der Anwesenden vermerkte.

Das wichtigere Resultat dieser ersten Begegnung war jedoch ein Freundschafts- und Beistandsvertrag, der während der folgenden 40 Regierungsjahre Massasoits nie ernstlich verletzt wurde. Es folgten weitere harte und ver-

Lustfeindlich & engstirnig, düster & abstinent ... ... doch überaus geschäftstüchtig

lustreiche Jahre, Schiffe, die Nachschub brachten und Nachschubschiffe, die ausblieben, weitere Pilgrims, weitere Gräber. Nur ganz allmählich konnte sich die kleine Kolonie festigen. Ein wirtschaftlicher Erfolg ist sie nie geworden; 1627 mußten die Kapitalgeber 90 Prozent ihrer Investitionen abschreiben.

Die Puritaner

Zehn Jahre nach der Mayflower – also 1630 – strömte eine zweite Siedlerwelle nach Neuengland: die Puritaner. Konfessionell den Pilgrims sehr nahe, waren sie doch ein völlig anderer Menschenschlag. Sie hatten die Loslösung von der Anglikanischen Staatskirche nie gewagt. Und wie um diese Schwäche auszugleichen, gebärdeten sie sich starrer, dogmatischer und engstirniger in der Lehre, strenger und lustfeindlicher in ihren Moralvorstellungen, düsterer, asketischer und abstinenter als die frömmsten Saincts – eben «puritanischer». Andererseits waren sie gewiß geschäftstüchtiger, besser vorbereitet und cleverer als ihre Brüder in Plymouth – die ersten wahren Yankee Traders und Businessmen.

Plimoth Plantation wuchs nur sehr langsam (innerhalb von 20 Jahren gerade auf 3000 Seelen), dehnte sich nur allmählich aus und wurde nicht ohne Grund noch im gleichen Jahrhundert von der Puritaner-Kolonie verschluckt. Es hat den Stoff für die so wichtige Mythenbildung geliefert, den Nährboden für ein amerikanisches Selbstbewußtsein – ansonsten aber blieb es eine Episode am Rande der Weltgeschichte. Die wahre Kolonisierung und Erschließung Neuenglands ist von der puritanischen Massachusetts-Bay-Kolonie ausgegangen. Boston war der Nukleus, um den herum neue Städte zu sprießen begannen, Massachusetts die Keimzelle, von der sich weitere Kolonien abspalteten.

Die von den Puritanern als Aktiengesellschaft gegründete Massachusetts-Bay-Company hatte eben alles, was den Pilgrims fehlte: Sie hatte Geld und einflußreiche Freunde in London, und sie hatte eine hieb- und stichfeste königliche Charta, einen Freibrief, in Neuengland zu siedeln. Und mehr noch: Schon sehr bald war es ihrem Gouverneur John Winthrop gelungen, der Kolonie von Anfang an ein hohes Maß an Selbständigkeit zu sichern, indem er die Verwaltung der Gesellschaft direkt in die Kolonie verlegte. Das war im Grunde Rebellion gegen die Oberhoheit des englischen Königs, das war bereits der Keim zur Unabhängigkeit. Doch Karl I. war anderweitig zu beschäftigt, und Winthrop brachte seine Idee durch. Natürlich fehlte es den neuen Siedlern auch nicht am puritanischen Sendungsbewußtsein und Auserwähltendünkel. Eine «Stadt auf dem Berg» wollten sie gründen, das «Neue Jerusalem» – nichts weniger.

Mit einem Dutzend Schiffen, über tausend Siedlern (dreimal soviel wie Plymouth in zehn Jahren sah!) und einer Archenladung voll von Vieh und Lebensmitteln segelte Winthrop 1630 los. Bereits im Jahr zuvor hatte eine Vorhut von 350 Männern und Frauen Salem (Frieden) gegründet.

Die meisten dieser Puritaner ließen sich im heutigen Cambridge nieder und nannten es Newtown. Winthrop selbst traf auf einer von den Idianern Shawmut genannten Halbinsel den Einsiedler William Blackstone, der sich

RIGOROSE THEOKRATIE MIT PURITANER-PAPST

LIBERALER ABTRÜNNIGER MACHT FRIEDEN FÜR 150 JAHRE

mit seinen Büchern dorthin zurückgezogen hatte, um in Ruhe lesen zu können. Gastfrei lud Blackstone seine Landsleute ein, sich dort anzusiedeln. Als aber immer mehr Kolonisten nachströmten, packte den bücherlesenden Eremiten das Grausen und er entfloh in die Wildnis des heutigen Rhode Island, wo seine Ruhe allerdings auch nicht mehr lange währen sollte.

Bis 1937 kamen jährlich weitere 2000 Auswanderer in die Bay Kolonie, und rings um die Bucht entstanden immer neue Siedlungen. Wie in der benachbarten Pilgrims-Kolonie, so sicherten sich auch hier die Puritaner die Regierungsgewalt und gaben sie nicht mehr aus den Händen. In der «Mutterzelle amerikanischer Demokratie» herrschte in Wirklichkeit eine rigorose Theokratie. Wahlberechtigt waren ausschließlich freie Bürger, und nur freie Bürger konnten Mitglied der Kirche werden. So einfach! Die Kirche bestimmte das gesamte öffentliche Leben. Ihr Bostoner Oberhaupt – und damit eine Art «Puritaner-Papst» – war der Prediger John Cotton, ein fanatischer Fundamentalist, der neben dem Gouverneur der einflußreichste Mann der Kolonie war und keine Abweichler duldete.

Der Konflikt mit Roger Williams, einem für puritanische Verhältnisse unerträglich liberalen Prediger, war nicht zu vermeiden. Williams forderte nämlich Gewissens- und Glaubensfreiheit nicht nur für Puritaner, sondern für alle Menschen, was im 17. Jahrhundert geradezu revolutionär war, und er erklärte die königliche Charta – d.h. die rechtliche Grundlage der Kolonie – für null und nichtig, da der König keinerlei Rechte habe, über das Land der Indianer zu verfügen.

1635 wurde der abtrünnige Prediger vor Gericht gestellt und aus der Kolonie verbannt – eine schwere Strafe, wenn man bedenkt, daß ringsum nichts als abweisende Wildnis lag und der harte Winter bevorstand. Auf vereisten Küstenpfaden und durch tiefen Schnee schlug sich der hitzige Rebell mit wenigen Getreuen nach Süden durch. Dort überwinterte er bei den Indianern und erhielt von ihnen ein großes Stück Land am Nordende der Narragansett Bay – wohl geschenkt, denn womit hätte er es auch bezahlen sollen? Er gründete die Providence Plantation aus der später, zusammen mit Newport und anderen Siedlungen, der Staat Rhode Island hervorgehen sollte. In die Kolonie aufgenommen wurde auch die Stadt Warwick, gegründet von Samuel Gorton, den die Saincts aus Plymouth verbannt hatten. Warum? Letztlich deshalb, weil seine Magd während des Gottesdienstes gelächelt hatte und Gordon die Frechheit besessen hatte, sie auch noch zu verteidigen.

Eineinhalb Jahrhunderte lebte Roger Williams' Kolonie friedlich mit allen Indianern, und seiner Überzeugung gemäß verwirklichte der Prediger die Trennung von Kirche und Staat. Von Cotton als «Abwasserkanal Neuenglands» und «Rogue Island» (Schurkeninsel) verteufelt, blieb Providence Plantation den Prinzipien seines Gründers treu und nahm Dissidenten auf, die sonst nirgends eine Zuflucht fanden – später auch Juden, Quäker und Hugenotten. So wurde es zu einem ersten wirklichen Hort der Freiheit in Amerika.

1638 folgte Anne Hutchinson, die aus der Bay Kolonie verbannt worden war, nur weil sie an die strenge Prädestinationslehre nicht so recht glauben mochte und dafür lieber ein bißchen

Wiege der Freiheit stand in Connecticut

Pastor Hartfords Predigerschule, heute Amerikas älteste Universität

mehr an die göttliche Gnade. Sie hatte versucht, in die alttestamentarisch-düstere Welt der Puritaner das Licht und die Wärme christlicher Liebe zu bringen – so heißt es. Aber letztlich hat man sie wohl deshalb verjagt, weil sie mit ihren feurigen Reden zu viele Bostoner mitriß und so die innere Stabilität und Machtstruktur der Kolonie gefährdete. Sie gründete die Stadt Portsmouth, predigte dort vier Jahre lang und wurde schließlich auf Long Island (New York) beim Versuch, einige Indianer zu bekehren, von den selbigen erschlagen.

Wheelwright, einen ihrer Anhänger, hatte man bereits im Winter 1637/38 verstoßen. Er zog trotz Winterskälte nach Norden und gründete mit einigen Freunden die Exeter-Kolonie, die erste Ansiedlung im späteren New Hampshire.

Noch früher, nämlich 1636, verließ Pastor Thomas Hooker aus eigenem Antrieb die Bay-Kolonie, nachdem er vergeblich versucht hatte, die Strenge der theokratischen Regierung in Massachusetts zu mildern. Er zog ins Tal des Connecticut River, wo die Holländer schon ihren Handelsposten «Haus der Hoffnung» errichtet hatten. Dort gründete er die Hartford-Kolonie, aus der später der Staat Connecticut hervorgehen sollte.

Seine Vorstellungen von einer liberalen Regierung schrieb er 1639 in den berühmten «Fundamental Orders» nieder, der ersten Verfassung in den Vereinigten Staaten, die Connecticut den Beinamen «Constitution State» eingetragen hat. In Hookers Kolonie konnte jeder wählen und jeder wurde in die Kirche aufgenommen. Wenn also irgendwo in Amerika so etwas wie eine «Wiege der Freiheit» gestanden hat, dann in Connecticut oder Rhode Island – aber ganz sicher nicht in Plymouth oder gar an der Massachusetts Bay.

Während sich ringsum neues Leben regte und neue Ideen keimten, war man im puritanischen Brückenkopf Boston darauf bedacht, das Bestehende zu sichern, d.h. die eigene Macht. Nachdem alle Andersdenkenden verbannt waren, hatte John Cotton freie Hand. Gefolgt von seinem Schwiegersohn Increase Mather, dessen Sohn Cotton Mather und schließlich Samuel Mather, begründete er eine Dynastie von Chefideologen des rigorosen Puritanismus, die fast hundert Jahre lang das religiöse, politische und kulturelle Leben der Kolonie beherrschte. Um die Theokratie zu festigen, mußte zunächst der Fortbestand der religiösen Elite gesichert werden. Das heißt, man brauchte eine Schule, um Priester und Prediger heranzubilden. Kaum daß die ärgsten Gründungsprobleme überwunden waren, beschloß man, ein Viertel der Steuereinnahmen von 1636 (rund 400 Pfund) in die Gründung eines Priesterseminars zu investieren. Es entstand in der Siedlung Newtown, die man in Erinnerung an die ehrwürdige Universitätsstadt in England kurzerhand in Cambridge umtaufte. Pastor John Harvard vermachte 1638 dem «Seminar in der Wildnis» die Hälfte seines Vermögens (immerhin 1700 Pfund), seine Bibliothek und – seinen Namen. Aus der Predigerschule wurde die älteste Universität Amerikas: Harvard University. Ganz klar, daß die Puritaner mit strenger Hand auch die Bildung steuerten. Bereits 1647 verfügten sie per Gesetz, daß jede Gemeinde mit mehr als 50 Familien eine Lese- und Schreibschule einzurichten habe und jede mit über 100 Familien eine Lateinschule nach englischem Vorbild. Man hoffte, auf diese Weise die Kenntnis der

Heiligen Schrift zu fördern, und bedachte nicht, daß man durch allgemeine Bildung gepaart mit dem Unabhängigkeitsgeist der Pioniere zugleich – ohne es zu wollen – die Saat für die amerikanische Demokratie auslegte. Als deren Keime sich selbst in den geheiligten Hallen von Harvard zu regen begannen, und als schließlich – horribile dictu – die liberalen Anglikaner nicht länger aus dem Lehramt fernzuhalten waren, da sagten sich die Orthodoxen von der Alma mater los. Sie gründeten 1701 in Connecticut ein Konkurrenzunternehmen, das 1716 seinen Sitz nach New Haven (ebenfalls Connecticut) verlegte und Yale genannt wurde. Erster Präsident der neuen Predigerschule war – wen wundert's – Cotton Mather, der flammende Eiferer und fanatische Puritaner aus Boston.

Indianerkriege

Als die Siedler die Küste verließen, gelangten sie zunehmend in Regionen, die nicht durch die Pockenseuche von 1617 entvölkert worden waren und sahen sich plötzlich mit mächtigen Indianerstämmen konfrontiert. Daß die Indianer ihnen durch die ersten Winter geholfen hatten, das war längst vergessen. Jetzt wollte man ihr Land. Und als auserwähltes Volk glaubte man, ein Anrecht darauf zu haben wie einst Abraham im Lande der Sodomiten. Als die Kolonisten 1636 ins Connecticut-Tal vordrangen, da begriff Sassacus, Häuptling der gefürchteten Pequots («Zerstörer»), daß es um das Überleben seines Volkes ging.

«Ihr werdet die nächsten sein, wenn wir die Bleichgesichter jetzt nicht aufhalten», wandte er sich in prophetischer Vorahnung an die Narragansett. Doch die wollten sich – von Roger Williams beeinflußt – aus einem Krieg gegen die Weißen heraushalten. So waren die Pequots auf ihre eigenen Kräfte angewiesen. Aber auch die allein waren recht beachtlich: 3000–4000 Krieger gegen lächerliche 250 Kolonisten in ganz Connecticut. Die Pequots zogen durch das Tal und ermordeten 14 Siedlerfamilien, ehe ein bewaffneter Trupp aus Massachusetts gegen sie ausrückte. Die Weißen verfügten insgesamt über 240 Männer, aber sie hatten – wieder einmal – 1000 Indianer auf ihrer Seite und erhielten weitere Verstärkung durch den berühmt gewordenen Uncas mit seinen Mohikanern. Der «letzte Mohikaner» Fenimore Coopers war also ein Verräter, der seinen Verwandten in den Rücken fiel. Nahe der Mündung des Mystic River wurden die ahnungslosen Pequots bei Nacht umzingelt und überrumpelt. Es folgte ein Gemetzel, daß es selbst den verbündeten Indianern grauste. Männer, Frauen und Kinder wurden in den Wigwams lebendig verbrannt. Wer den Flammen entkam, wurde mit dem Schwert niedergemetzelt und in Stücke gehauen. *«Es war ein fürchterlicher Anblick»*, berichtet ein Beobachter, *«wie sie in den Flammen brieten und ihre Blutströme das Feuer beinah löschten, und grauenerregend war ihr Gestank; aber der Sieg schien ein süßes Opfer und die Sieger priesen Gott in der Höhe.»*

Von diesem Schlag erholten sich die Pequots nie wieder. Ihr Häuptling floh zu den Mohawks, die ihn genüßlich zu Tode marterten, die Krieger wurden als Sklaven verkauft, die jungen Frauen und Mädchen unter den Siegern aufgeteilt. So war das Indianerproblem in Neuengland für die nächsten 40 Jahre «gelöst».

60 000 Kolonisten gegen 15 000 Ureinwohner

König Philipp – ein Indianerhäuptling

Dann jedoch sollte sich die Prophezeiung des Sassacus auf schreckliche Weise erfüllen. Das Drama der Pequots wiederholte sich noch gräßlicher, noch größer und noch gründlicher. Massasoit war 1661 gestorben, jener Häuptling der Wampanoag, mit dem die Pilgrims 40 Jahre zuvor ihren Freundschaftsvertrag geschlossen hatten. Nachfolger wurde sein ältester Sohn Wamsutta, den die Engländer Alexander nannten. Wie einst sein mächtiger Vater reiste er nach Plymouth, um den Freundschaftsbund zu erneuern, der es den Pilgrims damals ermöglicht hatte, in der Neuen Welt Fuß zu fassen. Doch die Lage hatte sich geändert. Inzwischen waren an die 60 000 landhungrige Kolonisten nach Neuengland gekommen und machten den verbleibenden 15 000 Indianern den Boden streitig. Wamsutta wurde auf ein Gerücht hin von den Pilgrims gefangengenommen, scharf verhört und starb wenig später in Plymouth. Sein Bruder und Nachfolger Metacom oder Matassom, von den Engländern Philipp genannt, setzte noch immer auf friedliches Zusammenleben und kam ebenfalls nach Plymouth, um den Bund zu erneuern.

Bald mußte er jedoch einsehen, daß ein Nebeneinander nicht mehr möglich war. Die Indianer Neuenglands standen mit dem Rücken zur Wand und mußten um ihr Leben kämpfen. In einer verzweifelten Anstrengung bemühte sich Häuptling Metacom, alle Algonkin-Stämme zwischen Maine und Connecticut zu einem Kampfbund zu vereinen, um ihr Land und Erbe zu verteidigen. Die Einigung gelang, doch tragischerweise zu spät. Ihre Zeit war längst abgelaufen.

Im Juni 1675 begann einer der ersten großen Indianerkriege Amerikas – und der letzte in Neuengland: der «König-Philipp-Krieg». Die vereinten Truppen von Plymouth und Boston versuchten, die Wampanoag im Sumpf von Pocasset zu umzingeln, mußten aber nach schweren Niederlagen aufgeben. Von da an verbreiteten die Indianer Angst und Schrecken. Sie tauchten plötzlich aus den Wäldern auf, überfielen ein Dorf, brannten es nieder und waren längst verschwunden, ehe die schwerfälligen Weißen zuschlagen konnten. Mendon, Brookfield, Lancaster, Deerfield, Northfield, Hatfield und Hadley gingen in Flammen auf. Immer mehr Stämme schlossen sich den Wampanoag an. Die Truppen der Engländer wurden in Hinterhalte gelockt und aufgerieben. Captain Hutchinson (ein Sohn der Anne Hutchinson) wurde mit seiner gesamten Abteilung niedergemacht, und bei Bloody Brook wurden fast alle Männder von Essex getötet. Schon stürmte Philipp auf die alte Kolonie ein und vernichtete Siedlungen rings um Plymouth. Dann schwenkte er nach Westen und Norden gegen Connecticut und Massachusetts. Das Ende der Kolonien schien bevorzustehen.

Doch dann wendete sich das Kriegsglück. Zuerst traf es – wie der Pequot-Häuptling prophezeit hatte – die mächtigen Narragansett. Da die Kolonisten befürchteten, sie würden sich im Frühjahr den Wampanoag anschließen, wollte man sie durch einen Präventivschlag vernichten. Tausend Bewaffnete aus Boston, Plymouth und Connecticut umzingelten und überraschten sie in ihrem Winterlager in den Sümpfen der Narragansett-Bucht. Genau wie vor ihnen die Pequot wurden die Narragansett vernichtend geschlagen. Wieder verbrannten Frauen und Kinder wehrlos in den Hütten.

Textfortsetzung S. 57

Amerika steht nicht nur für vielspurige Autobahnen und Suburbias: beschauliches Wohnen auf Nantucket Island, Massachusetts

Wandmalerei im nördlichen Zentrum Bostons

Moderner Hintergrund vor Traditionellem: John Hancock Tower mit Trinity Church in Boston

Die Blumenbrücke bei Shelburne Falls, Massachusetts

Eine Fassade im inneren Zentrum Bostons

Aus dem Bild geht hervor, wo dieses Restaurant liegt. Massachusetts

von oben nach unten:
– Allgegenwärtige Szene auf dem Charles River und anderswo in Massachusetts
– Boston Tea Party, tägliche Zeremonie des geschichtlichen Ereignisses
– Bob Chalmers, seit 25 Jahren im Moosbeerenanbau tätig (Massachusetts)
– Straßenszene im Universitätsstadtteil Harvard von Boston
– Läden, Galerien und Straßencafés, Newbury Street, Boston
– Amphibienfahrzeuge Bostons
– Typische Wohnsiedlung Bostons: Fotograf Mark Halevis Haus
– Repräsentatorin auf Boston Tea Party

Boston Skyline

Trinity Church und John Hancock Tower, Boston

nächste Doppelseite: *Eine Mole, wie man sie wohl selbst in der «Alten» Welt kaum findet. Provincetown, Cape Cod, Massachusetts*

Wildnis knapp außerhalb von Boston

Eine Residenz knapp außerhalb von Boston

Im Herzen von Massachusetts: Quabbin Reservoir

Lake Pontoosuc im westlichen Massachusetts

Um die Moosbeeren zu ernten, werden die Felder – hier bei Carver – geflutet. Typischer Zweig der Landwirtschaft in Massachusetts

Parklandschaft am Lake Quabbin im Innern von Massachusetts

Das Gegenstück zum berühmten MIT (Massachusetts Institute of Technology) in Boston

Das Boston Hard Rock Cafe besitzt eine beachtliche Sammlung: Goldene LPs/CDs und andere Dinge von bedeutenden Rockgrößen

Auf dem Gelände der Harvard-«Denkfabrik». Die massiven Säulen entsprechen dem angereicherten Wissen dieser Universität

Im Whaling-Museum in New Bedford, Massachusetts. Eine Erinnerungsstätte an nicht unbedingt rühmenswerten Zeiten mit zahllosen Gegenständen und Darstellungen

Nachbildung der berühmten Mayflower in Plymouth, Massachusetts

ZWIST MIT NEW YORK

1777: ERSTER FREIER STAAT AMERIKAS

daß alles Land *«westlich des Connecticut Rivers»* zu New York gehöre. Jetzt war New Hampshire aus dem Rennen. Aber dafür wurden nun die Siedler rebellisch, denn die waren mitnichten dazu bereit, ihr Land ein zweites Mal zu kaufen. Ethan Allen, der Vermonter Volksheld, und seine legendären «Green Mountain Boys» zeigten den New Yorkern, was sie von deren Landrechten hielten – und wenn sie denen auch zweimal verbrieft sein mochten. Jahrelang lehrten sie die New Yorker das Fürchten, bis man sich schließlich 1775 dazu entschloß, den König in aller Form um eine eigene Kolonie zu bitten. Doch da war es schon zu spät. Der Lauf der Geschichte hatte die Green Mountain Boys überholt, denn die Krone war durch die Schüsse von Concord plötzlich nicht mehr der Garant des Rechts, sondern der Feind. Alle Landtitel und Chartas waren Makulatur, und das Green-Mountain-Territorium befand sich rechtlich wieder im Urzustand.

Da erklärte man es – was wollte man machen – 1777 zur unabhängigen Republik Vermont. Der erste freie Staat Amerikas war geboren. Der erste, der die Sklaverei verbot und allen Männern das Wahlrecht einräumte, unabhängig von Geld und Besitz. Die freie Republik schuf ihren eigenen Postdienst, prägte ihr eigenes Geld und betrieb eine eigenständige Außenpolitik. Die übrigen Ex-Kolonien betrachteten dies mit scheelen Blicken. Die Ausrufung der Republikaner, mitten im Unabhängigkeitskrieg, wurde als ein arger Loyalitätsbruch angesehen. Und im übrigen: Sollte man

Gemalt vom Neuengländer John Trumbull (1756–1843): Unabhängigkeitserklärung der englischen Kolonien

EIGENSINNIG, SPARSAM, INTEGER – MIT TROCKENEM HUMOR

SCHWEDISCHE SCHEUNEN, WEISSE HOLZKIRCHEN

diesen Sonderling nicht vielleicht doch noch New York einverleiben? Erst 1791 konnten die übrigen Staaten sich dazu durchringen, Vermont schließlich als 14. Staat in die Union aufzunehmen – nachdem es New York für seine Landansprüche mit 30 000 Dollar entschädigt hatte.

Ein eigensinniger Charakter, Sparsamkeit und Integrität wird den Vermontern nachgesagt («Sie tun nie, was man ihnen sagt, aber fast alles, worum man sie bittet»). Des weiteren sollen sie einen trockenen Humor besitzen und eine knappe, direkte Sprache, die Anlaß zu einem Buch mit dem Titel «Yup ... Nope' und andere Vermonter Dialoge» gegeben hat. Darin finden sich so vielsagende Zwiegespräche wie die folgenden: *«Ob's wohl je wieder zu schneien aufhört?» – «Hat's bisher immer.»* Und: *«Was werden die Leute bloß machen, wenn der alte Appleby einmal stirbt?» – «Ihn begraben.»*

Der in Vermont geborene Präsident Calvin Coolidge verkörperte all diese Eigenschaften perfekt. «Silent Cal», wie man ihn nannte, baute den Schuldenberg der USA um 2 Milliarden Dollar ab und war wortkarg bis zur Sprichwörtlichkeit. Ein Reporter soll ihn einst geneckt haben: *«Mister President, ich habe mit Freunden gewettet, daß ich es schaffen werde, ihnen mehr als zwei Worte zu entlocken.»* Die trockene Antwort: *«Schon verloren!»*

Und dann ist da natürlich der berühmte Rat des Vermonter Senators George Aiken an Präsident Johnson, den Vietnamkrieg einfach für gewonnen zu erklären und die Truppen abzuziehen! So sind sie, die Vermonter, und so werden sie bleiben. Noch immer leben rund drei Viertel von ihnen auf dem Land – von der Milchwirtschaft, vom Ahornsirup und vom Tourismus. Und solange die Vermonter so bleiben wie man es von den Vermontern erwartet, so lange atmet Amerika ruhig und weiß, daß die Welt noch im Lot ist.

Green Mountains und Rockefeller's Woodstock

Sie sind die nördliche Fortsetzung der Berkshires von Massachusetts, die nördlichsten Ausläufer der Appalachen. Doch die Szenerie wird zunehmend ländlicher. Weideland und rotbraune Scheunen schwedischen Stils mit dem typischen Silo prägen das Bild. Sie sind zu einem Wahrzeichen Vermonts geworden, ebenso wie die weißen Holzkirchen ein Symbol für ganz Neuengland sind.

Wilder und rauher wird das Bergland. Die Höfe verstecken sich in geschützten Winkeln, in Tallichtungen zwischen hohen Gipfeln. Frostrisse in den kleinen, gewundenen Sträßchen weisen auf lange, harte Winter hin. Auf dem Mt. Equinox, den wir über eine steile, gebührenpflichtige Straße mit engen Kehren erreichen, genießen wir den grandiosen Blick nicht lange. Ein schneidender Wind treibt uns zurück ins Fahrzeug – dabei haben wir bereits Mitte Mai. Das Wasser in einem Steinbecken ist ein massiver Eisklotz, wahrscheinlich bereits seit einem halben Jahr.

Vermont ist Winterland und wurde schon Anfang des Jahrhunderts für den Skisport entdeckt. Ab November beginnt es zu schneien, und oft schneit es bis in den Mai hinein. Dann zeigen die Green Mountains ein ganz anderes Gesicht und sind keine Spur mehr «grün». Meterhoch sammelt sich die weiße Pracht. Nicht

1934: Erster Skilift der Welt

Sehenswert: Rockefellers Landwirtschaftsmuseum

etwa in den europäischen Alpen, sondern an einem Hang bei Woodstock (Vermont) wurde 1934 der erste Skilift der Welt gestartet – angetrieben von einem Model-T-Motor der berühmten «Tin Lizzy»-Produktion. Heute hat Vermont zwei Dutzend Alpinskigebiete mit insgesamt 175 Skiliften, die alle zweieinhalb Stunden die gesamte Staatsbevölkerung zur Bergstation schleppen könnten. Auf Cross-Country-Skiläufer warten gar 50 Zentren und fast 6 000 Kilometer gespurte Loipen. Eine davon ist allein schon 450 Kilometer lang und reicht von der kanadischen Grenze bis Massachusetts.

Zu den renommiertesten Skigebieten des Staates zählt Woodstock. Dort empfängt uns ein Wegweiser zu einer Abfahrt, die den wenig einladenden Namen «Suicide Six» trägt. Doch keine Angst, Suicide Six ist keineswegs eine schwierige Abfahrt – und übrigens jene, an der seinerzeit der welterste Skilift seinen Dienst tat. Woodstock ist mehr als ein Wintersportzentrum. Es ist die perfekte Verkörperung einer Vermonter Kleinstadt, so wie sie sich die Tourismuswerbung für ihre Prospekte nicht hübscher ausdenken könnte. Atmosphäre, Stadtbild und Umgebung – alles paßt harmonisch zusammen. Eine Hausbrücke direkt im Städtchen, der malerische Village Green, die richtige Mischung aus kleinen Läden mit Kunsthandwerk, Antiquitäten und Erzeugnissen der Vermonter Landwirtschaft; gemütliche Cafés, Pubs und Gourmet-Restaurants sowie eine breite Auswahl an Unterkünften vom heimeligen Bed & Breakfast bis zum luxuriösen Rockefeller-Hotel.

Den Rockefellers verdankt der kleine Ort so viel, daß er sich selbst manchmal stolz als «Town that Rockefeller made» bezeichnet. Hier baute der Milliardär sein Sommerhaus. Er schuf die Rock Resorts und ließ Billings Farm (den Hof von Mary Rockefellers Großvater) zu einem sehenswerten Museum der neuenglischen Landwirtschaft ausbauen. Nicht zu einem langweiligen Staubsammler übrigens, sondern zu einem lebendigen Museum und einer «Working Farm», auf der auch heute noch die Jersey-Kühe gemolken werden. Und als Weihnachtsgeschenk für seine geliebte Mary hat Laurence Rockefeller das Gewirr der Strom- und Telefonkabel in die Erde legen lassen.

Direkt am Village Green ließ er 1969 das Woodstock Inn errichten, das kolonialzeitliche Architektur mit modernem Komfort verbindet und unlängst erweitert worden ist. Im neuen Trakt haben die Hotelzimmer ihre eigene überdachte Veranda, auf der man mit Blick über den Rasen frühstücken und dem Gezwitscher der vielen unbekannten Vogelarten lauschen kann.

Stowe – das amerikanische Alpenstädtchen

Die Nordostecke Vermonts heißt das «Northeast Kingdom» und ist der ärmlichste Winkel des Staates. Dort leben die meisten «Woodchucks» oder Waldmurmeltiere, wie die Habenichtse im Green Mountain State spöttisch genannt werden. Dieser Winkel wurde von der Industrie vergessen, von der Natur dafür um so reicher gesegnet – mit einsamen Kristallseen, Bergen und Wäldern.

Nicht weit südlich davon liegt Stowe, das zweite klassische Skizentrum Vermonts und das

Gewachsenes Städtchen mit Gleichgewicht von Natur & Mensch

vielleicht attraktivste Skigebiet an der gesamten Ostküste der USA. Stowe hat ein Loipennetz von über 150 Kilometern Länge, 46 verschiedene Abfahrten, die zusammen 75 Kilometer lang sind, und eine Schneesicherheit, von der europäische Skizentren nicht einmal mehr träumen können: durchschnittlich 600 Zentimeter Schnee pro Winter!

Ja, dieses Stowe ist schon ein besonderer Glücksfall! Nicht nur wegen seinen beeindruckenden Statistiken und auch nicht, weil es eine stark europäische, pseudo-rustikale Hotelszene hat, die vielleicht die Skigäste aus Amerika begeistern, aber sicher keinen Europäer. Nein, ein Glücksfall ist Stowe, weil es kein Skiort vom Reißbrett ist, sondern ein gewachsenes Städtchen mit 200jähriger Tradition, mit menschlicher Wärme und neuenglischer Gastfreundschaft. Und vor allem ist hier überall das Bestreben spürbar, ein Gleichgewicht zwischen Mensch und Natur zu schaffen. Der Ort mit der Einwohnerzahl eines Dörfchens erstreckt sich, entlang der Route 100, weit auseinandergezogen über die Fläche einer mittleren Stadt. Hübsche Holzhäuser sind harmonisch in die Landschaft eingefügt. Und strenge Baugesetze sorgen dafür, daß dies so bleibt.

Seinen Austrian-Touch hat das Städtchen übrigens auch durch die Familie Trapp erhalten, eine Sängerfamilie aus Österreich, die während der Nazizeit emigrierte und in Stowe eine neue Heimat gefunden hat. Bekannt wurde die Familie durch das autobiographische Buch «The Trapp Family Singers» von Maria Augusta Trapp und durch den daraus entstandenen Musikfilm «The Sound of Music». In Stowe haben sie die eindrucksvolle Trapp Family Lodge im heimatlichen Alpenstil errichtet, mit weitem Blick über das Tal und mit einem exquisiten Restaurant. Eine Lodge, in der sich nicht nur Amerikaner und heimwehkranke Österreicher wohl fühlen werden.

Watertons berühmte Eiscremekomponisten

Das benachbarte Waterton an der Route 100 (es ist schwer zu sagen, wo der eine Ort aufhört und der andere anfängt), ist der Ort, in dem die beiden Alt-Hippies Ben und Jerry ihre berühmte Eisfabrik aufgebaut haben. Anfangs der achtziger Jahre haben die beiden für ein paar Dollars an einem Fernkurs «How to make Icecream» teilgenommen und in einer alten Tankstelle eine Eisdiele eingerichtet. Sie haben stets auf beste Qualität, reine Naturprodukte und ausgefallene Geschmacksrichtungen Wert gelegt. Nie hat es ihnen an verrückten Ideen gemangelt. Heute sind sie einer der größten Eiscremeproduzenten des Landes, und sie gehören sicherlich zu den renommiertesten. Ihre Spezialitäten werden – von Küste zu Küste – in den besten und teuersten Restaurants des Landes serviert. «Ben & Jerry's» ist zu einem Markennamen geworden. Aber das ist noch längst nicht alles. Geschäftlichen Erfolg haben viele, aber den beiden ist es obendrein gelungen, ihre Eisfabrik zu einer der größten Touristenattraktionen Vermonts zu machen. Mit Führungen und kostenlosen Proben, versteht sich. Ein echter Renner, nicht nur bei Kindern!

Doch das schönste ist gewiß ein seltenes Phänomen: Man merkt, daß die beiden kauzigen Knaben trotz Erfolg und Geld ihre Ideale nicht verloren haben. Witzige Ideen typischer Ben & Jerry-Kreativität blitzen aus allen Ecken der Anlage, und manche Aktion, die zum Geschäftserfolg beigetragen hat, war ursprünglich wohl gar nicht so bierernst darauf ausgerichtet.

Wenn Geld keine Rolle spielt – Shelburne Farm und Museum

Vermont ist ein ländlicher und landwirtschaftlicher Staat. Und wie um dies zu bestätigen, ist selbst die Hauptstadt kaum mehr als ein Dorf. Nicht einmal 10000 Einwohner hat dieses Montpelier (mit einem 'l') – die kleinste Hauptstadt der gesamten USA. Um so prachtvoller ist das schneeweiße State Capitol mit seiner strahlenden Blattgold-Kuppel umgeben vom Grün des Rasens und der Parkbäume. «Das zauberhafteste State House in ganz Amerika», sagen viele. Ich auch. Größer als die Hauptstadt ist Burlington am Lake Champlain. Dort findet man gleich zwei der namhaftesten Touristenattraktionen Vermonts: Shelburne Farm und Shelburne Museum, beide südlich von Burlington an der Route 7 gelegen. Wieder einmal war es das Geld wohlhabender «Sommerfrischler», das diese Attraktionen ermöglicht hat. Diesmal dasjenige der Vanderbilts.

Ende des letzten Jahrhunderts kaufte Dr. William Seward Webb, mit dem Geld seiner Gattin Lila Vanderbilt Webb, rund drei Dutzend Farmen in schönster Lage am Lake Champlain zusammen, um ein landwirtschaftliches Großexperiment zu starten. Als fachliche Leiter heuerte er kurzerhand einen ganzen Stab namhafter Persönlichkeiten an: den Landschaftsarchitekten Frederick Olmstedt, der den Central Park in New York gestaltet hat, den Förster Gifford Pinchot (heute als Vater der amerikanischen Forstwirtschaft gerühmt) und den Architekten Robert Robertson, der die Familienresidenz am Seeufer entwarf. Ein «bescheidenes Sommerhäuschen», wie man es titulierte, denn die Herrschaften waren der Meinung, daß ein großer Palast nicht in die Landschaften passen würde.

Aber man muß dieses «Sommerhäuschen» einmal gesehen haben! Alleinzwei Dutzend Schlafzimmer mit Original-Ausstattung im Stil der Jahrhundertwende hat die «bescheidene» Datsche – alle mit Blick über den See und auf die Adirondack Mountains. Man bekommt schon müde Beine, wenn man nur durch diese Schlafzimmer einen Rundgang machen will. Und die Salons und Speisesäle sind noch einmal so prachtvoll herausgeputzt. Heute können Feriengäste den Sommer hindurch in diesem luxuriösen Ambiente speisen oder sich gar in einem der eleganten Zimmer einmieten – wenn das Geld keine Rolle spielt!

Wenige Kilometer südlich der Farm (die übrigens heute noch bewirtschaftet wird und ihren oft prämierten Cheddar Cheese und andere Produkte direkt vor Ort verkauft) liegt das Shelburne Museum: eine enorme Sammlung von rund 40 Bauwerken und über 80000 Einzelstücken aus 300 Jahren amerikanischer Geschichte. Man benötigt mindestens einen Tag, um sich auch nur einen flüchtigen Überblick zu verschaffen, und das Ticket gilt denn auch gleich für zwei Tage! Entstanden ist diese «Sammlung der Sammlungen» als Hobby von Electra Havemeyer, Tochter eines Zuckerbarons und Schwiegertochter von Lila Vanderbilt Webb. Ganz klar: Da spielte das Geld wieder einmal keine Rolle. Auch wenn die Eltern ja eigentlich mehr auf europäische Kunst standen,

Sich von der Fülle nicht erschlagen lassen

so schenkten sie dem sammelwütigen Töchterchen doch hie und da einen Schaufelraddampfer (die stolze Ticonderoga!), eine Hausbrücke, einen Leuchtturm oder einen kompletten viktorianischen Bahnhof. Und im Laufe der Jahre kam so allerhand zusammen! Ein gigantisches Sammelsurium und nicht zu Unrecht «Electra's Complex» betitelt. Aber allemal sehenswert, wenn man Zeit hat und keine Angst, von der Fülle erschlagen zu werden.

Zeittafel Vermont

- 1609 Samuel de Champlain erforscht die Gegend am nach ihm benannten Lake Champlain und nennt das Bergland «Verts Monts»; zunächst siedeln sich dort Franzosen an
- ab 1724 wird das Gebiet von englischen Kolonisten besiedelt

Zeittafel, Kennzahlen

- 1763 Nach dem Sieg der Engländer im *French Indian War* (1754–63) müssen die Franzosen sich aus dem umstrittenen Gebiet zurückziehen
  New Hampshire und New York streiten sich weiter um das Gebiet
- 1764 Die englische Krone spricht alles Land westlich des Connecticut River New York zu, doch die «Green Mountain Boys» unter *Ethan Allen* setzen sich gegen die New Yorker zur Wehr
- 1775 11. April: die Siedler bitten den König um einen eigenen Freibrief, werden aber von den Ereignissen der Revolution überholt
  19. April: die Schüsse von Concord und Lexington eröffnen den Unabhängigkeitskrieg, und der Rechtsstatus Vermonts bleibt ungeklärt
- 1777 Vermont erklärt seine Unabhängigkeit; es ist der erste unabhängige Staat Amerikas und der erste, der die Abschaffung der Sklaverei und allgemeines Wahlrecht verfassungsmäßig verankert
- 1791 Vermont wird als 14. Staat in die Union aufgenommen
- 1872 Calvin Coolidge («Silent Cal») wird geboren und 1923 der 30. Präsident der USA
- 1934 Bei Woodstock wird der erste Skilift der Welt eingeweiht
- 1965 Vermont hat erstmals mehr Menschen als Kühe

Fläche: 24 903 Quadratkilometer
Einwohner: 590 000
Hauptstädtchen: Montpelier (8 300 Einwohner)
Staatssymbole: Drossel, Rotklee, Zuckerahorn

Der Franzose Samuel de Champlain (1567–1635) gab Vermont den Namen

New Hampshire
Amerikas Einziger ohne Einkommenssteuer

New Hampshire ist so etwas wie ein Gegenstück zu Vermont, ein Pendant oder ein Antipode. Als ungleiche Zwillinge werden die beiden Staaten nördlich von Massachusetts gerne bezeichnet. Das zeigt bereits ein Blick auf die Landkarte: New Hampshire sieht wie ein auf den Kopf gestelltes Vermont aus. Seine Einwohner behaupten freilich, es verhalte sich umgekehrt! Zusammengesetzt bilden die beiden Staaten ein Viereck. Die Grenze zwischen ihnen setzt der obere Connecticut River.

Natürlich haben die Zwillinge auch eine ganze Reihe von Gemeinsamkeiten, und von Fremden werden sie daher oft in einen Topf geworfen. Doch die Unterschiede sind gewichtiger und sie beschränken sich nicht auf die eher zufällige äußere Form. New Hampshire hat ein – zwar kurzes aber wichtiges – Stück Atlantikküste, wohingegen Vermont der einzige Neuenglandstaat ist, der nicht ans Meer grenzt. Während Vermont weitgehend ein Agrarstaat ist, spielt in New Hampshire die Industrie eine wichtige Rolle. Immerhin muß der östliche Zwilling auch mehr als doppelt soviele Bürger ernähren. Grün sind sie dennoch beide, und New Hampshire ist sogar noch waldreicher als Vermont, das mehr offenes Weideland umfaßt.

Noch deutlicher sind die Unterschiede im politischen Bereich: New Hampshire ist der einzige Staat der USA, in dem es weder Einkommens- noch Verkaufssteuern gibt. Nichts dergleichen! Der Staatshaushalt wird überwiegend durch die sogenannten «Sündensteuern» finanziert: Alkoholsteuer, Tabaksteuer und Glücksspiel. So wie man Vermont daran erkennt, daß an den Straßen die vertrauten Werbetafeln fehlen, so kann man New Hampshire daran erkennen, daß an den Highways plötzlich riesige Spirituosen-Supermärkte auftauchen.

Eigentlich erstaunlich, daß ein so konservativer Staat wie New Hampshire seine Staatsfinanzen aus solchen Lastern schöpft. Aber konservativ sein bedeutet hier vor allem, daß man dem Staatsapparat nicht viel zutraut und ihm daher auch nicht viel Geld anvertrauen mag. Die New Hampshirites regieren sich am liebsten selbst – und das in einem sehr wörtlichen und direkten Sinne. Town Meetings sind zwar in ganz Neuengland eine verbreitete Art der kommunalen Selbstverwaltung, aber nirgends spielen sie eine so große Rolle wie in New Hampshire. Nirgends sonst in den USA hat ein einzelner Bürger das verbriefte Recht, ein Thema zum Tagesordnungspunkt des Staatsparlaments zu erheben (zehn Unterschriften genügen!). Ja, gemäß ihrem Staatsmotto «Live Free or Die» (Freiheit oder Tod) haben die New Hampshirites sogar ein verfassungsmäßiges Recht auf Revolution, «falls alle anderen Mittel nichts nutzen».

Weltweit einmalig dürfte der «Granite State» – so sein offizieller Spitzname – damit dastehen, daß praktisch jedes Dorf einen Vertreter im Parlament hat. Dort sitzen über 400 Abgeordnete! Nur der Kongreß in Washington und das britische Unterhaus haben noch mehr. Jeweils rund 2000 Einwohner entsenden einen eigenen Volksvertreter. Auf deutsche Verhältnisse umgerechnet, müßten im Bundestag also gut und gerne 40 000 Abgeordnete verstaut werden!

Es zeigt sich, daß das «Modell New Hampshire» nur in kleinen Staaten funktionieren kann und wohl auch dort nicht sehr effizient. Dafür ist praktisch jeder Bürger New Hampshires auch Freizeitpolitiker und läßt sich von den Polit-Profis so schnell nichts vormachen. Als in New Hampshire strengere Baugesetze nötig wurden, um den Wildwuchs zu beschneiden, wollte man nicht irgendwelche Verwaltungsbehörden damit betrauen. Also wurde verfügt, daß jedes kommerzielle Bauprojekt von einer uanbhängigen Kommission abgesegnet werden muß, der ein pensionierter Generaldirektor, ein ehemaliger Bauunternehmer und eine Hausfrau angehören. Und es funktioniert!

«As New Hampshire goes, so goes the Nation», heißt es (Wohin New Hampshire geht, folgt ihm die Nation). Da sich dies zunächst auf das Wahlverhalten bezieht, steht der kleine Staat ein Mal alle vier Jahre im Rampenlicht der Nation: bei den «Primaries» nämlich, den Vorwahlen zur Präsidentschaftswahl. Mit einer Ausnahme hat stets der Kandidat, für den New Hampshire stimmte, letztlich auch das Rennen gemacht.

Große Unterschiede gibt es innerhalb des Staates, der sich von Norden nach Süden über 270 Kilometer erstreckt. Da ist die kurze Küste im Süden mit Ferienzentren, dünengesäumten Badestränden und der wichtigen Hafenstadt Porthsmouth. Dann die Industriestädte entlang der Grenze zu Massachusetts und der Großraum Boston. Die eiszeitlich geprägte Landschaft im Zentrum New Hampshires ist ein ideales Ferienland mit weit über tausend Seen und Teichen, darunter der große und in weitem Umkreis beliebte Lake Winnipesaukee. Altes Indianer- und Kanuland, malerische Ferienhäuschen am Seeufer, Lachsangler und Wanderer. Und schließlich der Norden, die spektakulären White Mountains: Wildnis, Wälder und der höchste Berg Neuenglands, der 1917 Meter hohe Mt. Washington. Ein Paradies für Naturfreunde und «Leaf-Peeper» (so nennt man all jene, die herkommen, um die Herbstfärbung zu bewundern, nicht aber die Einheimischen, die dasselbe tun).

Mehr als 80 Prozent der Bevölkerung lebt im südlichen Drittel des Staates. Der Norden ist nur sehr dünn besiedelt und das zu einem beträchtlichen Anteil von Franko-Kanadiern. «Kanadier willkommen!» steht auf vielen Schildern, und Ortstafeln und Wegweiser sind hier zweisprachig – zum Schrecken manches braven US-Bürgers, der mit so etwas nun gar nicht gerechnet hat.

Die White Mountains: Bergwildnis und Jahrmarkts-Klamauk

Es stimmt schon, die White Mountains sind die höchsten und spektakulärsten Berge Neuenglands – bzw. nördlich der Carolina-Staaten und östlich der Rocky Mountains. Eine wirkliche Bergwildnis. Aber wenn jemand von dort zurückkommt und sich über Touristenrummel und Jahrmarktsatmosphäre beklagt, so hat er eben auch recht. Die White Mountains sind beides. Sie haben Platz für Touristen und für Wildnisfreunde.

Bereits zu Beginn des letzten Jahrhunderts wurde das Naturparadies für den Tourismus entdeckt und erschlossen. Seither hat sich hier eine blühende Fremdenverkehrsindustrie ent-

Verlorener Fluss, zu sehen auf waghalsigen Galerien

Das Wahrzeichen: Felsenkopf Old Man

wickelt, die alles bietet, was das amerikanische Touristenherz begehrt. Darunter natürlich viel Kitsch und Disney-Kolorit. Doch solche Attraktionen findet man nur entlang den Hauptstraßen – und davon gibt es nicht viele. Die übrigen Berge – 50 Kilometer breit, 100 Kilometer lang und fast zwei Kilometer hoch – gehören den Wanderern. Wildnispfade von mehr als 1800 Kilometern Länge erlauben einem, die Schönheit der Landschaft zu entdecken.

Freilich gibt es auch einige Naturphänomene, die dem Touristenstrom durch Straßen erschlossen wurden, die aber den Naturfreund ebenso begeistern werden. Es muß ja nicht gerade zur Hauptreisezeit sein. Da ist zum Beispiel die Lost River Gorge, eine von den eiszeitlichen Gletschern aus dem Granit gefräste Schlucht, die teilweise wieder mit Felsblöcken, so groß wie Häuser, aufgefüllt ist. Ein wildes, faszinierendes Labyrinth aus Granitklötzen, Höhlen, Strudeltöpfen, Wasserfällen und Flußabschnitten, die unter dem Felsen dahingurgeln (daher «Lost» River = verlorener Fluß). Ein Kaleidoskop bizarr geformter Felsen und zyklopischer Blöcke. Eine atemberaubende Szenerie, erschlossen durch Holzstege, Treppen, Leitern und waghalsige Galerien.

Ebenfalls von den Gletschern geschaffen wurde The Flume (eine Felsschlucht), durch die über mehrere Stufen die Wassermassen tosen. An ihrem oberen Ende findet man einen malerischen Kaskadenwasserfall. Zugänglich ist die Schlucht ebenfalls nur durch eine Holzgalerie, die jeden Herbst abgebaut und im Frühjahr neu angebracht werden muß, weil das Schmelzwasser sie sonst zertrümmern würde. Die ungeheure Kraft dieser Wassermassen läßt sich vielleicht erahnen, wenn man den gewaltigen Felsblock sieht, der einst über dem Wasserfall hing, bis er, vom Strömungsdruck heruntergerissen, durch die ganze Schlucht donnerte und kilometerweit ins Tal hinunter geschleudert wurde.

Zu den Naturphänomenen, die ganz an der Spitze der Touristenattraktionen rangieren, gehört der Old Man of the Mountain, ein Felsgesicht, das unvermutet aus der Granitwand ragt. Während ähnliche Erscheinungen andernorts dem Betrachter eine gute Portion Phantasie abverlangen, ist dieses Profil verblüffend präzise herausgearbeitet. Bereits Nathaniel Hawthorne, der viel dafür getan hat, die White Mountains bekannt zu machen, hat dem «Großen Steingesicht» eine Kurzgeschichte gewidmet. Ja, der alte Felsenkopf ist nachgerade zum Wahrzeichen für die Attraktion der White Mountains geworden, und Dick Hamilton, Präsident der regionalen Fremdenverkehrsbehörde, sagte uns, er würde diesen Job nicht mehr haben wollen, wenn der Kopf eines Tages zu Tale stürzen sollte. Daher wird der Old Man auch jedes Jahr sorgfältig vermessen, gepflegt und wenn es sein muß sogar «geliftet»: Risse werden ausgefüllt, Verwitterungsschäden überspachtelt, und die Kinnpartie hat man bereits mit Stahltrossen verankert.

Schön und gut, diese Laune der Natur mag das menschliche Gemüt beeindrucken. Aber die White Mountains wären auch ohne den Old Man faszinierend genug. Sie sind voll von Felsen, Bergen und Wäldern, die genauso großartig aussehen. Nicht weil sie zufällig einem zornigen Großvater ähneln, sondern weil sie eben wie herrliche Felsen, Berge und Wälder aussehen.

WELTHÖCHSTE WIND-
GESCHWINDIGKEIT

SECHSERGESPANNKUTSCHEN WEGEN
WIND MIT STEINEN BESCHWERT

Gipfel der Extreme: Mt. Washington

Der höchste Gebirgszug der White Mountains ist die Presidential Range, deren Gipfel die Namen berühmter Präsidenten der USA tragen. Nach dem ersten und ruhmreichsten heißt der höchste unter ihnen: Mt. Washington. 1917 Meter ragt er empor, was sich vielleicht für den höchsten der Hohen nicht sonderlich spektakulär anhören mag. Aber was besagen schon nackte Zahlen! Denn imposant ist er allemal, der Mt. Washington. Imposant durch seine immense Masse, aber vielleicht noch imposanter durch seine Extreme. Ein Berg mit eigenem Klima, wie der Denali in Alaska. Wenn es im Tal Juli ist, dann ist an seinen Hängen bereits der September eingekehrt und auf dem Gipfel herrscht schon der November. Schneestürme sind dort oben das ganze Jahr hindurch nichts Besonderes.

An hundert Tagen im Jahr wehen Winde von Orkanstärke. Die höchste Windgeschwindigkeit, die je irgendwo gemessen wurde, registrierte die Wetterwarte auf diesem Gipfel: 372 km/h! Das Klima des Gipfels entspricht dem in der kanadischen Arktis, 1000 Kilometer weiter nördlich. Nun gut, auch das sind wieder überwiegend Zahlen – aber vielleicht schon etwas Anschaulichere. Und wer solche Verhältnisse einmal selbst erlebt hat – auch nur ansatzweise – der bekommt Respekt vor diesen 1917 Metern.

Das Wetter kann auf dem Mt. Washington so dramatisch umschlagen, daß man meint, Mark Twain habe gerade ihn im Sinn gehabt, als er sagte: «*Wenn Ihnen unser Wetter in Neuengland nicht gefällt, bitte, dann warten Sie doch fünf Minuten.*»

Die Schneemassen haben im extremen Winter von 1968/69 sage und schreibe zwölf Meter erreicht. Auf der berühmten Mt. Washington Auto Road liegen sie Winter für Winter mehr als sechs Meter hoch, und in der Tuckermann's Ravine sammelt sich die weiße Pracht in solchen Mengen, daß man dort oft bis in den Juni Skilaufen kann.

Die private, gebührenpflichtige Straße zum Gipfel, die «*Road to the Sky*», wurde bereits Mitte des letzten Jahrhunderts gebaut – als erste von Menschenhand geschaffene Attraktion in ganz Amerika, 1853 begonnen und 1861 eröffnet. Mit Axt und Säge gerodet, mit Spitzhacke und Schaufel gegraben, mit Handbohrer und Schwarzpulver aus dem Felsen gesprengt. Die ersten 50 Jahre fuhren nur Pferdekutschen hinauf, jede mit sechs kräftigen Rössern davor. Auf halber Strecke wurde meist angehalten, und die Passagiere mußten Steinbrocken in die Kutsche laden, damit der Wind sie nicht von der Straße fegte. Jede Talfahrt fraß einen ganzen Satz Lederbremsen auf. 1899 schnaubte das erste Dampfmobil zum Gipfel, seit 1911 verkehren regelmäßig Autos und 1904 fand das erste Bergrennen statt, das «Climb to the Clouds Race», das bis heute alljährlich im Juni durchgeführt wird. Hatten die Kutschen für die Bergfahrt (13 Kilometer lang, 1500 Meter Höhenunterschied) noch vier Stunden gebraucht, so rasen Rennwagen die haarsträubenden Kurven heute in weniger als sieben Minuten hinauf.

Von der anderen Seite her kann man den Gipfel mit der Cog Railway erreichen, einer 1869 erbauten Zahnradbahn mit einer Steigung, die durchschnittlich 25 Prozent beträgt und die auf der sogenannten Jakobsleiter bis 37 Pro-

Ins Schiff des 17. Jh. einsteigen (Ticket please) ... ... und NHs Geschichte hautnah erleben!

zent erreicht. Steiler ist nur noch die Schweizer Pilatusbahn mit 38 Prozent Steigung.

Nahe der Cog-Railway-Talstation leuchtet aus dem Grün der Natur eines der letzten großen Hotels der Grand Epoque des White-Mountain-Tourismus: das Mount Washington Hotel. Schneeweiß mit rotem Ziegeldach, dorischen Säulen und Türmen. Es ist das letzte von rund einem Dutzend dieser vornehmen Hotels, die einst um und auf dem Mt. Washington betuchte Gäste zur Sommerfrische luden. Alle anderen sind abgebrannt. Noch heute öffnet das Mount Washington Hotel jedes Frühjahr seine Pforten. Den Winter durch bleibt es geschlossen, denn der Prachtbau mit seiner fast 300 Meter langen Veranda hat keine Heizung. In seinen Sälen war es übrigens, wo 1944 die Konferenz von Bretton Woods stattgefunden hat, auf der 44 Länder die Einrichtung der Weltbank und des Internationalen Währungsfonds beschlossen haben.

Südlich von Bretton Woods fährt man im Crawford Notch State Park mitten durch das Herz des White Mountain National Forest und gelangt schließlich nach Glen, wo man in der Anlage von Heritage New Hampshire durch die gesamte Geschichte des Staates spazieren kann. In zahlreichen, einzelnen Szenen – teilweise mit Schauspielern – durchläuft und durchlebt man alle wichtigen Ereignisse und Epochen. Man löst dort auch keine Eintrittskarte, sondern ein Ticket für die Schiffspassage aus dem England des 17. Jahrhunderts in die Neue Welt und besteigt umgehend die Nachbildung eines alten Seglers, der einen schwankend und knarrend in eine andere Welt befördert. Gewiß kann die ganze Anlage ihr amerikanisches Gepräge nicht verleugnen und manchen Europäer wird sie etwas zu sehr an Disneyland erinnern. Dennoch zählt sie fraglos zu den interessanteren der vielen Touristenattraktionen, und die zahlreichen Ideen und liebevollen Kleinigkeiten, mit denen sich das Familienunternehmen bemüht, seinen Gästen Geschichte hautnah zu vermitteln, machen den Besuch zu einem Erlebnis.

Wenige Kilometer weiter südlich, in North Conway, lädt die Conway Scenic Railroad zu einer nostalgischen Dampflokfahrt durch die White Mountains ein. Und bei Conway selbst zweigt schließlich der vielgerühmte Kancamagus Highway nach Westen ab, eine der landschaftlich reizvollsten Straßen Neuenglands mit herrlichen Ausblicken, Wanderpfaden und wahrhaft spektakulären Möglichkeiten, die Herbstfärbung zu erleben.

Zeittafel New Hamphshire

1623 An der Mündung des Rasqua River, nahe dem heutigen Portsmouth, entsteht die erste englische Siedlung
1629 Der Name New Hampshire wird erstmals benutzt
1638 Der aus der Bay-Kolonie vertriebene Wheelwright gründet die Exeter-Kolonie
1641–1741 New Hampshire gehört zu Massachusetts
1741 Benning Wentworth wird Gouverneur und erklärt, daß alles Land bis westlich des Hudson zu New Hampshire gehört
1774 Das britische Fort William und Mary wird besetzt
1776 5. Januar: New Hampshire erklärt als er-

Englisches Linienschiff auf Nordatlantikfahrt im 17. Jh.

ste Kolonie seine Unabhängigkeit
1788 New Hampshire tritt als neunter Staat der Union bei
1861 Die Straße auf dem Mt. Washington wird eröffnet
1869 Die Cog Railway (Zahnradbahn) wird gebaut
1944 Im Mt. Washington Hotel wird die Bretton-Woods-Konferenz abgehalten

Fläche: 24 219 Quadratkilometer
Einwohner: 1 200 000
Hauptstadt: Concord (36 000 Einwohner)
Staatssymbole: Purpurfink, Flieder, Birke

Maine

Wilde Küsten, Berge und neunzig Prozent Wald

Mit Maine beginnt Neuengland so etwas wie «amerikanische Dimensionen» zu erreichen, denn der nordöstlichste Staat der USA ist größer als alle fünf anderen zusammengenommen. Gleichzeitig ist Maine der mit Abstand am dünnsten besiedelte Staat der Ostküste und einer der ärmsten der gesamten Nation. Reich aber ist Maine an Wald und wilder Küste, an Bergen und Seen, an weiter, unberührter Natur. Und wenn die anderen Regionen Neuenglands dadurch überraschen, daß herrliche Naturlandschaften nur wenig außerhalb der «Big Cities» beginnen, dann erreicht man in Maine die echte Nordland-Wildnis. Als die «letzte Wildnis östlich des Mississippi», hat Henry David Thoreau dieses Land schon vor 150 Jahren bezeichnet, und daran hat sich bis heute nichts geändert. Ursprüngliche Küste, ungebändigte Flüsse, zerklüftetes Gebirge und pfadlose Wälder – Maine hat das alles. Kein anderer Ostküstenstaat konnte seine Natur in solchem Maße bewahren und selbst die nördlich anschließenden Regionen Kanadas (Quebec und New Brundwick) sind stärker erschlossen und dichter besiedelt.

Rund 400 Kilometer Küste hat Maine in der Luftlinie gemessen – aber mehr als 5 500 Kilometer, wenn man alle Buchten und Inseln berücksichtigt. Über 2 000 Inseln haben die Geographen gezählt, und bei den Buchten mußten selbst die Zahlenfetischisten scheitern. Eine «versunkene Küste» ist es: Vor Tausenden von Jahren hat sich das Land gesenkt. Aus den Tälern wurden Buchten und natürliche Häfen, die Berggipfel säumen heute als Inseln das felsige Gestade.

«Downeast» wird Maine auch genannt, weil man mit den vorherrschenden Winden (also «downwind») ostwärts die Küste hinunter segeln konnte. Ein «Downeaster» wiederum ist jedes in Maine gebaute Schiff. Davon gab es eine ganze Menge, denn der Schiffsbau hat hier von Anfang an eine große Rolle gespielt, was bei so viel Küste auch keinen verwundern wird. In Maine stand die erste Sägemühle Amerikas, und Maine baute mehr Segelschiffe als irgendein anderer Staat der USA. Allein in Bath, der amerikanischen Wiege des Schiffsbaus, sind über 4 000 Segler vom Stapel gelaufen.

Die endlosen Wälder des «Pine Tree State» (Kiefernstaates) lieferten – als die Vorräte New Hampshires zur Neige gingen – die Masten für die britische Navy. Ohne die gerade gewachsenen, 500–1 000 Jahre alten Kiefern aus diesen beiden Neuenglandstaaten hätte die britische Flotte nicht existieren können. In Portland (Maine) hatte der englische König sogar seinen eigenen Masten-Beschaffer, der alle Stämme

Englisches Kriegsschiff vor Neuengland – mit Masten aus Maine-Holz

PAPIER, BLAUBEEREN, HUMMER & KARTOFFELN

FRANZOSEN ERSTE SIEDLER

von mindestens 60 Zentimeter Basisdurchmesser und 25 Meter Höhe für die Krone requirierte. Manche waren bis zu 2 Meter dick und 60 Meter hoch! Um sie nach England zu schaffen, wurden spezielle Mast-Schiffe gebaut, die breiter und schwerer als die üblichen Segler waren und 40 bis 100 der dicksten und längsten Stämme laden konnten.

Bis heute ist Maine zu fast 90 Prozent von Wald bedeckt und es ist der größte Papierlieferant der USA. Weitere wichtige Erzeugnisse sind Blaubeeren (90 Prozent der gesamten US-Produktion), Hummer (75 Prozent der US-Produktion) und Kartoffeln (an vierter Stelle im nationalen Vergleich).

Zunehmende Bedeutung in den von Arbeitslosigkeit und Landflucht geplagten Regionen des Staates gewinnt der Tourismus. «Vacationland» (Ferienland) nennt sich Maine auf seinen Autokennzeichen. Badeorte findet man im südlichsten Küstenabschnitt um Ogunquit und Kennebunkport.

Der restliche Staat ist nichts für Strandlager und Sightseeing-Touristen, aber ein Paradies für alle Arten von Outdoor-Enthusiasten: für Wanderer, Backpacker und Kanuten, für Wildwasser-Freaks, Angler und Jäger, für Wintersportler und alle sonstigen Naturliebhaber. Rauh ist das Klima dieses Ferienlandes und im Landesinneren so unterkühlt, daß manche behaupten, es gebe dort überhaupt nur zwei Jahreszeiten: Winter und Juli. Natürlich haben solche Extreme auch die Bevölkerung geprägt und einen ganz eigenen Menschenschlag hervorgebracht.

Wettergegerbt und wortkarg ist der typische Bewohner Maines, etwas eigenbrötlerisch und stets dazu bereit, die Sommergäste von «außerhalb» auf die Schippe zu nehmen oder in die Irre zu führen.

«Fragen Sie nie einen gebürtigen Mainer nach dem Weg», wurde schon John Steinbeck bei seiner «Reise mit Charley» von eben einem solchen gewarnt. *«Irgendwie halten wir es für lustig, Leuten den falschen Weg zu weisen, und wir lächeln dabei nicht.»* Also seien Sie auf der Hut!

«Ach bitte, wie komme ich denn von hier nach Portland?», soll eine hilflos dreinblickende Touristin einst gefragt haben. Und prompt erhielt sie die Antwort:

«Von hier aus kommen Sie dort überhaupt nicht hin.»

«Aber wohin geht dann diese Straße?», wollte sie wissen.

«Die geht überhaupt nirgends hin. Die bleibt hier!»

«Ja, aber», stammelte sie zunehmend irritiert, *«können Sie mir dann wenigstens sagen, wie weit es von hier bis Portland ist?»*

«In der Richtung, in die Sie gerade schauen, dürften es gut 30 000 Meilen sein», war die brummelige Antwort.

Schon historisch ist Maine einen etwas eigenen Weg gegangen. Manche sind der Ansicht, der Name sei eine Kurzfassung von «mainland» (Festland); wahrscheinlicher ist, daß er sich von der alten, französischen Grafschaft Maine herleitet. Auf jeden Fall waren es Franzosen, die hier zuerst gesiedelt haben: 1604 gründeten u.a. Sieur de Monts und Samuel Champlain am St. Croix River eine erste Siedlung als Keimzelle für ihr neues Arkadien.

An der Mündung des Kennebec River errichteten die Briten wenige Jahre später ihre kurzlebige Popham-Kolonie (1607). Da beide Ansiedlungen gute 300 Kilometer auseinander la-

Eigener Staat nur dank Widerstand gegen Sklaverei

gen, gab es zunächst keine Probleme. Als aber König Charles I. 1639 das gesamte Land zwischen Merrimack und Kennebec River als Provinz «Maine» an Sir Ferdinando Gorges verlieh, da fingen die Konflikte zwischen England und Frankreich an, die später zwischen Massachusetts und Maine fortgeführt werden sollten. Im Jahre 1677 nämlich kaufte die Kolonie Massachusetts den Nachkommen Sir Gorges' ihre Besitztümer ab, so daß Maine fortan zur Bay-Kolonie gehörte – obwohl es keine Landverbindung dazu hatte.

Erst 1783, mit dem Frieden von Versailles, wurde eine klare Grenze zwischen Kanada und den USA gezogen. Aber auch nachdem aus den 13 Kolonien die USA hervorgegangen waren, blieb Maine noch lange ein Teil von Massachusetts. Seine Existenz als eigener Staat verdankt es dem Widerstand gegen die Sklaverei im allgemeinen und dem Missouri-Kompromiß im besonderen. Wie das? Nun, als im Repräsentantenhaus der Konflikt zwischen Gegnern und Befürwortern der Sklaverei tobte, einigte man sich schließlich darauf, daß sich sklavenfreie und Sklavenhalter-Staaten zahlenmäßig stets die Waage halten müssen. Mit der Aufnahme von Illinois in die Union um 1818 hatten die Gegner der Sklaverei einen Staat Vorsprung. Als nun aber Alabama und Missouri ebenfalls aufgenommen werden wollten (beides Territorien, in denen Sklaverei herrschte), da war dieses Gleichgewicht bedroht und neue Konflikte standen bevor. Schließlich fand man eine geniale Lösung: ein zusätzlicher, sklavenfreier Staat mußte her. So wurde ein eigenständiges Maine aus dem Hut gezaubert, und das Gleichgewicht war wieder perfekt.

Alte Fischerstädtchen mit kolonialzeitlicher Atmosphäre

Die Küste: Badestrände und Hummerfischer

Die meisten Besucher des «Vacationland» folgen seiner Küste, die sehr unterschiedliche Gesichter zeigt – oder auch verbirgt, denn streckenweise ist sie von der Landseite her kaum zugänglich. Am besten lernt man sie kennen, wenn man der alten Küstenstraße US 1 folgt, die durch viele der Städtchen hindurchführt. Der südwestliche Abschnitt, von Kittery bis Cape Elizabeth, ist die Küste der Künstler und Badeurlauber. Hier gibt es noch verhältnismäßig warmes Wasser und für Maine sonst eher untypische Sandstrände. Aus den nahen Metropolen strömen daher im Sommer Tausende von Urlaubern herbei, und die kolonialzeitliche Atmosphäre der alten Fischerstädtchen droht im Rummel der Souvenirbuden und Fastfood-Lokale unterzugehen. Aber auch hier kann man noch versteckte Winkel und stillen Charme entdecken und, vor allem in der Nachsaison, herrliche Strandspaziergänge unternehmen. Besonders beliebt ist Ogunquit mit seinem an Cape Cod erinnernden Sandstrand, einem malerischen Klippenpfad und einer alten Künstlerkolonie. Weiter nördlich folgt Kennebunk, das durch sein ungewöhnliches «Wedding Cake House» (Hochzeitstorten-Haus) bekannt geworden ist, ein mit Schnörkeln und Schnitzereien üppig verziertes Kapitänshaus, das neben den malerischen Leuchttürmen zu den beliebtesten Fotomotiven der Küste gehört.

Jenseits des Cape Elizabeth, auf dem der älteste (1791) und von zahllosen Fotos bekannte Leuchtturm der Ostküste über die Casco Bay emporragt, liegt Portland, mit etwa 60 000 Ein-

Portland: Heimat Stephen Kings
Freeport: berühmtes Kaufhaus

Wo's kalt wird, beginnt das Hummerland

wohnern die größte Stadt von Maine. Hauptstadt ist zwar das kleinere, weiter landeinwärts gelegene Augusta, doch Portland ist fraglos das wirtschaftliche und kulturelle Zentrum des Staates. Hier wurde 1807 Henry Wadsworth Longfellow geboren, der durch seine Verserzählungen wie «Hiawatha» zum populärsten Dichter Amerikas aufstieg, und hier ist die Heimat des Erfolgsautors Stephen King, der von seinen Büchern sagte: *«Sie sind das literarische Äquivalent eines Big Mac mit Pommes».* Portland hat sich, trotz wirtschaftlicher Schwierigkeiten, durch seine vorbildliche Stadtplanung, durch seine Kunstmuseen und als Theaterstadt einen Namen gemacht.

Als «Geburtsort des Staates Maine» gilt das Städtchen Freeport, weil dort 1820 die Unabhängigkeitsurkunde unterzeichnet wurde, die den «Kiefernstaat» von Massachusetts loslöste. Bekannter wurde Freeport jedoch durch das riesenhafte Kaufhaus von L.L. Bean, das 365 Tage im Jahr rund um die Uhr geöffnet hat. Etwa dreieinhalb Millionen Kunden pro Jahr lockt dieses Unternehmen in das 6 000-Einwohner-Städtchen, und mehr als hundert weitere Läden sind dem Publikumsmagneten nach Freeport gefolgt. Dabei hat der heutige Kaufhaus-Gigant mit über einer Milliarde Dollar Jahresumsatz als Kurzwarengeschäft ganz klein angefangen. Doch dann entwickelte Leon Leonwood Bean 1912 den «Maine Hunting Shoe»: unten aus Gummi, der Schaft aus Leder, beides wasserdicht vernäht.

Zunächst erlebte er damit zwar einen herben Flop, denn bei den ersten, rasch produzierten hundert Paar Stiefeln, lösten sich schon nach wenigen Tagen die Sohlen ab. Doch genau dieser Flop sollte zur Grundlage seines Erfolgs werden. Obwohl es ihn fast in den Ruin trieb, erstattete er seinen Kunden den Kaufpreis bis auf den letzten Cent zurück und begründete damit die legendär gewordene Bean'sche Garantie, bedingungslos alles zu ersetzen, womit der Kunde unzufrieden ist. Ein gewagtes Versprechen, das aber den Namen «Bean» in ganz Amerika zum Markenzeichen erhob und offenbar nur selten mißbraucht wird.

Zunächst spezialisierte sich das Unternehmen auf Outdoor-Ausrüstungen für Jäger, Angler und Kanuten, wobei es den Namen «Maine» und dessen «Wildnis-Aroma» geschickt zu nutzen verstand. 1951 wurde das erste Kaufhaus eröffnet, und heute verschickt die Firma L.L. Bean zwei Dutzend verschiedene Kataloge mit einer Auflage von über 140 Millionen Stück und schleust täglich bis zu 50 000 Kunden durch ihre 1,2 Hektar große Verkaufsfläche.

Von Freeport bis Camden nimmt die Flut der Touristen und Sommerurlauber stetig ab. Es gibt keine Sandstrände mehr, das Wasser wird dem Normaltouristen zu kalt und die Ortschaften rücken immer weiter auseinander. Hier beginnt das wahre «Downeast Maine», das Land des Hummers und der Hummerfischer. In den kalten Gewässern der buchtenreichen Felsenküste findet der mächtige Meereskrebs ideale Lebensbedingungen. Überall sieht man die aufgestapelten Hummerreusen, bunt bemalte Bojen, die ganze Hausgiebel ausfüllen und «Lobster Pounds», die frischen Hummer lebend oder gekocht zu Pfund(s)preisen verkaufen. Bis zu tausend Reusen legt ein einziger Fischer aus, und manche nehmen auch Gäste auf ihren Fangschiffen mit.

Nirgends sonst wird so viel Hummer gefangen wie vor Maine, und wohl nirgends sonst wird

Textfortsetzung S. 193

Wo die alten Tage fortleben: in der Museumsanlage von Mystic Seaport, Connecticut

terra magica 177

Impression aus dem alten Providence, Rhode Island

Auf Kanureise, Housatonic River, Connecticut

Benefit Street in Providence, wo die alte Bausubstanz gewissenhaft erhalten wird (Rhode Island)

Idylle in Siasconset auf Nantucket Island, Massachusetts

nächste Doppelseite: So hat es dort immer ausgesehen: Urwald am Mount Greylock im westlichen Massachusetts

Das Kapitol von Providence, Rhode Island

Die Holzbauweise Neuenglands erinnert mehr an Skandinavien als an das einstige Mutterland (Rhode Island)

Bowen's Wharf in Newport, wo der Yachthafen, Restaurants und Läden fast rund um die Uhr für Betrieb sorgen (Rhode Island)

Die Providence Preservation Society lädt zu Hausbesichtigungen und investiert den Erlös in Restaurationen (Rhode Island)

Im Fischereihafen von Newport, Rhode Island

Eine abgehalfterte Galionsfigur in Mystic Seaport, Rhode Island

nächste Doppelseite: Die Brücke über die East Passage der Narragansett Bay bei Newport, Rhode Island

übernächste Doppelseite: Ländliches Connecticut

Beste Verkaufszeit wohl verpaßt! Am Lake Bantam, Connecticut

Kleines Open Air in Mystic, Connecticut

Hier hat Mark Twain 17 Jahre gelebt und gearbeitet. Hartford, Connecticut

Museum und Freilichtanlage, die das hiesige Leben der Indianer demonstrieren. Bei Washington, Connecticut

Twin Lakes im nordwestlichen Connecticut

Maine-Hummer – nicht immer teure Delikatesse ... ... früher Billigstnahrung für Sklaven

er so oft und nach so zahlreichen Rezepten zubereitet wie hier. Selbst die Fastfood-Lokale bieten Hummer-Sandwiches an.

Auf der ganzen Welt gilt Hummer aus Maine als teure Delikatesse. Aber nicht immer waren diese Krustentiere so teuer und gefragt. Während heute ein Zweipfünder bereits als groß gilt, waren früher fünf bis sechs Pfund schwere Exemplare nichts Besonderes und für ein paar Cents zu haben. Damals waren diese Tiere hier so zahlreich, daß man sie im flachen Wasser einsammelte und an die Hühner, an Gefangene und an Sklaven verfütterte, bis letztere sich schließlich weigerten, mehr als vier- oder fünfmal pro Woche davon zu essen. So ändern sich die Zeiten!

Acadia-Nationalpark und der «Ferne Osten»

Östlich der Pemaquid Bay liegt die Mount Desert Island mit dem Acadia-Nationalpark, einer der größten Natur-Attraktionen des Staates. Dieses Juwel einer Küste – mit den bis zu 466 Meter hohen Gipfeln der einzig wirklich

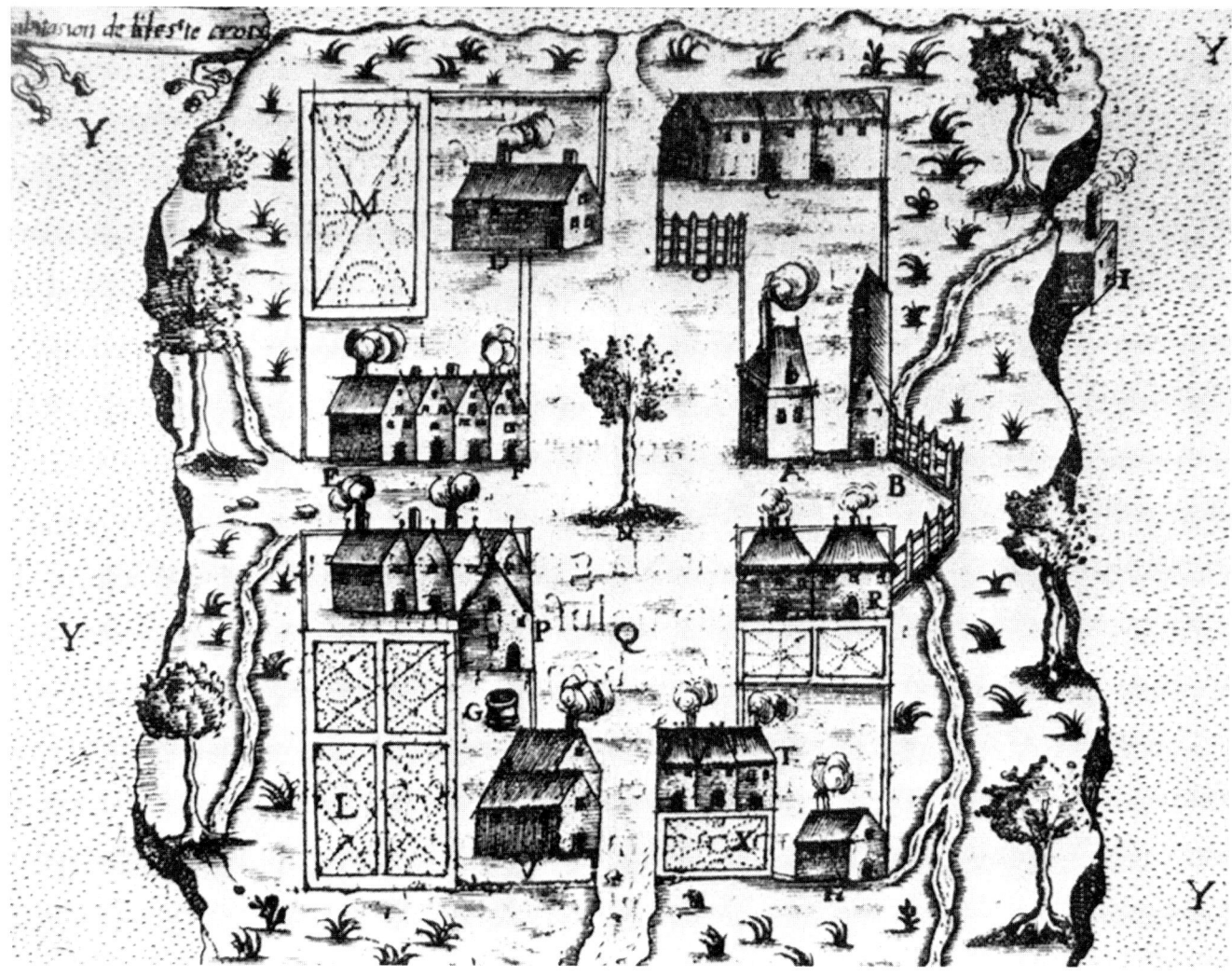

Franzosen in Maine um 1630: Kolonie Ile Sainte Croix (Dochet Island)

bergige Abschnitt – ist reich an vielfältigen Fels-, Wald- und Küsten-Landschaften, an Pflanzen und Tieren. Lange war die Insel kaum bekannt, bis Mitte des vergangenen Jahrhunderts Künstler und Schriftsteller sie entdeckten, und bis der Maler Thomas Cole ihre wilde Schönheit 1870 auf seinen Bildern verbreitete. Rasch wurde Bar Harbor zu einem Ferientreff der Superreichen. Die Vanderbilts, Astors und Rockefellers bauten hier ihre Sommer-«Cottages», deren Pracht mit den Palästen von Newport konkurrierte. Mit Dampfern und Sonderzügen kamen sie auf der Insel an und feierten rauschende Feste.

John D. Rockefeller jun. ließ die Insel durch 80 Kilometer Kutschenwege erschließen. Um ihre Schönheit zu bewahren, stiftete er ein Drittel der Insel als Schutzgebiet dem Staat, und 1919 schließlich wurde der Acadia-Nationalpark gegründet.

Durch einen Brand wurde 1947 ein großer Teil von Bar Harbor und die meisten seiner Millionärs-Cottages bis auf die Grundmauern zerstört. Heute ist die Insel durch eine Brücke mit dem Festland verbunden, und eine 45 Kilometer lange Rundstraße macht sie auch dem Autofahrer zugänglich. Bar Harbor, das außerhalb der Parkgrenze liegt, wurde einer breiteren Gästeschicht erschlossen und ist während der Saison ein wimmelndes Touristenzentrum. Wer auf der Route 3 die Insel erreicht, der wird zunächst über die vielen Hotels und Vergnügungsparks enttäuscht sein. Trotzdem bietet der Nationalpark herrliche Möglichkeiten zum Wandern, Radfahren und Reiten, zum Kajakfahren und Segeln, zum Whale-watching und zum Baden. Die große Einsamkeit wird hier im Sommer niemand finden, aber dafür ist die Szenerie so großartig, daß man einen Besuch nicht bereuen wird.

Östlich des Acadia-Nationalparks finden sich nur noch wenige Besucher, doch die Küste Maines endet hier noch längst nicht. Was nun folgt, nennen die Einheimischen den «Fernen Osten» ihres Staates. Hier sind sie unter sich, leben vom Hummerfang, von Heidelbeeren und vom Christbaumverkauf. Sonst gedeiht ja nichts in diesem rauhen Nordland. Manche warten auf den Tourismus, andere hoffen, daß er nicht kommt. Diese nebelverhangene Küste ist eine Welt für sich, eine Welt unverfälschter Fischerdörfer, in denen die Zeit offensichtlich stehengeblieben ist. Die Küste selbst macht sich für den straßengebundenen Reisenden allerdings weiterhin rar. Um sie wirklich zu erkunden, ist man auf ein Boot angewiesen.

Wildnis und Kartoffeläcker: das Landesinnere

Von der Küste aus sind die Städte an den Flußläufen entlang ins Landesinnere vorgestoßen. Sehr weit sind sie allerdings nirgends gekommen. Ihr nördlichster Vorposten in Maine ist Bangor, das darbende Zentrum der Holz- und Papierindustrie. Es liegt tatsächlich kaum 20 Kilometer vom Nordende der Penobscot Bay entfernt, und nördlich davon ist nichts als die endlos weite Waldwildnis des Aroostook County, unterbrochen von einigen großen Kartoffeläckern. Direkt nach Norden gibt es noch einige Straßen, aber nach Nordwesten hin erstreckt sich dichter Urwald bis an die kanadische Grenze. Hier sind nur noch Elche, Bären und Hirsche zu Hause. Die Wälder,

WESTERN LAKES: VIELE ELCHE, WENIG TOURISTEN

Seen, Moore und Flüsse dieser Region haben sich seit der Ankunft der Weißen oft kaum verändert. Ein Eldorado für Kanuten, Wildwasserfahrer, Jäger, Angler und Schneeschuhwanderer.

Am leichtesten zugänglich ist noch der Baxter State Park mit dem höchsten Berg Maines und dem zweithöchsten Neuenglands, dem 1606 Meter hohen Mt. Katahdin. Sein Gipfel bildet das nördliche Ende des Appalachian Trail, der für erfahrene Wanderer aus der ganzen Welt eine Herausforderung darstellt. Wer ihn von hier aus bis zu seinem südlichen Ende in Georgia kennenlernen will, der hat eine Strecke von rund 3360 Kilometern vor sich. Kanufahrer finden ihr Paradies etwas weiter nordwestlich: den St. John River und den Allagash Wilderness Waterway, eine 150 Kilometer lange Wasserroute, die eine Kette von Seen durch Flußstrecken und anspruchsvolle Stromschnellen verbindet.

Ein weiteres Naturparadies ist die Western-Lakes-Region nördlich des idyllischen Städtchens Bethel. Dort findet man dichte, flechtenbehangene Wälder, wilde Schluchten, Wasserfälle und Seen. Touristen trifft man in dieser Einsamkeit selten, dafür um so mehr Elche. An einem Abend sind uns innerhalb weniger Stunden nacheinander ein halbes Dutzend dieser urigen Tiere über den Weg gelaufen. Unmittelbar südwestlich von Bethel beginnt bereits der White Mountains National Forest, der weit nach New Hampshire hinein reicht.

Zeittafel Maine

1604 gründen Sieur de Monts und Samuel Champlain am St. Croix River eine erste Siedlung

1607 gründen die Engländer am Kennebec River die Popham-Kolonie, die jedoch schon im ersten Winter scheitert

1634 Bei South Berwick wird die erste Sägemühle errichtet, und an der Küste von Maine entstehen die größten Schiffswerften Amerikas

1639 König Charles I. verleiht alles Land zwischen Merrimack und Kennebec River als Provinz Maine an Sir Ferdinando Gorges, worauf es zu Konflikten zwischen Frankreich und England kommt

1677 Massachusetts kauft den Nachkommen Sir Gorges ihre Besitztümer ab, Maine wird ein Bestandteil der Bay-Kolonie, die Grenze zu Kanada bleibt weiter unklar

1783 Im Frieden von Versailles wird die Grenze zu Kanada festgelegt

1807 In Portland wird Henry Wadsworth Longfellow geboren

1820 Im Zusammenhang mit dem Missouri-Kompromiß wird Maine ein eigener Staat und tritt als 23. Staat der Union bei

1832 Portland wird als Hauptstadt durch Augusta abgelöst

1919 Der Acadia-Nationalpark wird gegründet

1951 In Freeport wird das erste L.L.-Bean-Kaufhaus eröffnet

Fläche: 91 653 Quadratkilometer
Einwohner: 1 300 000
Hauptstadt: Augusta (22 000 Einwohner)
Staatssymbole: Schwarzmeise, Tannenzapfen, Weißtanne

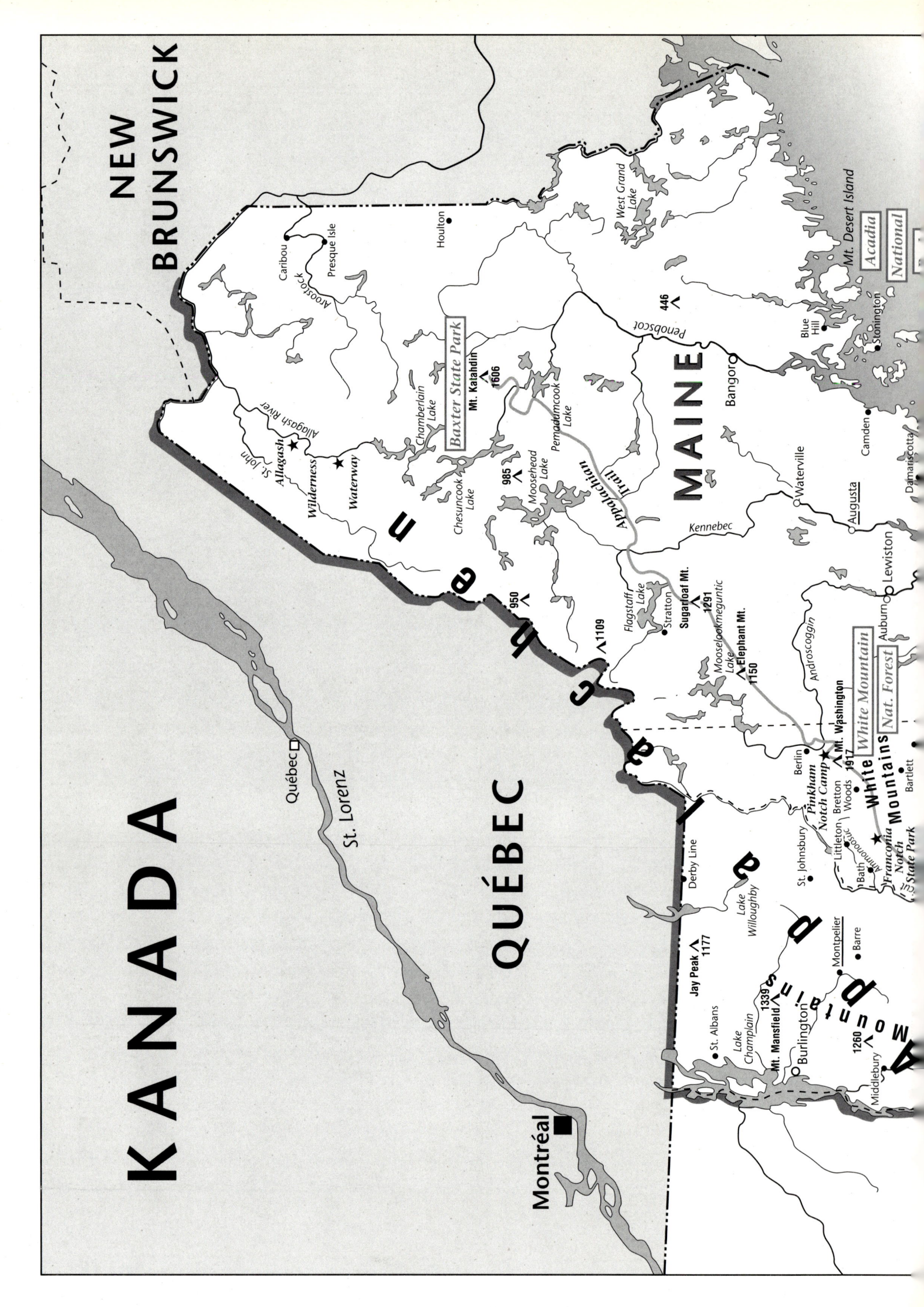

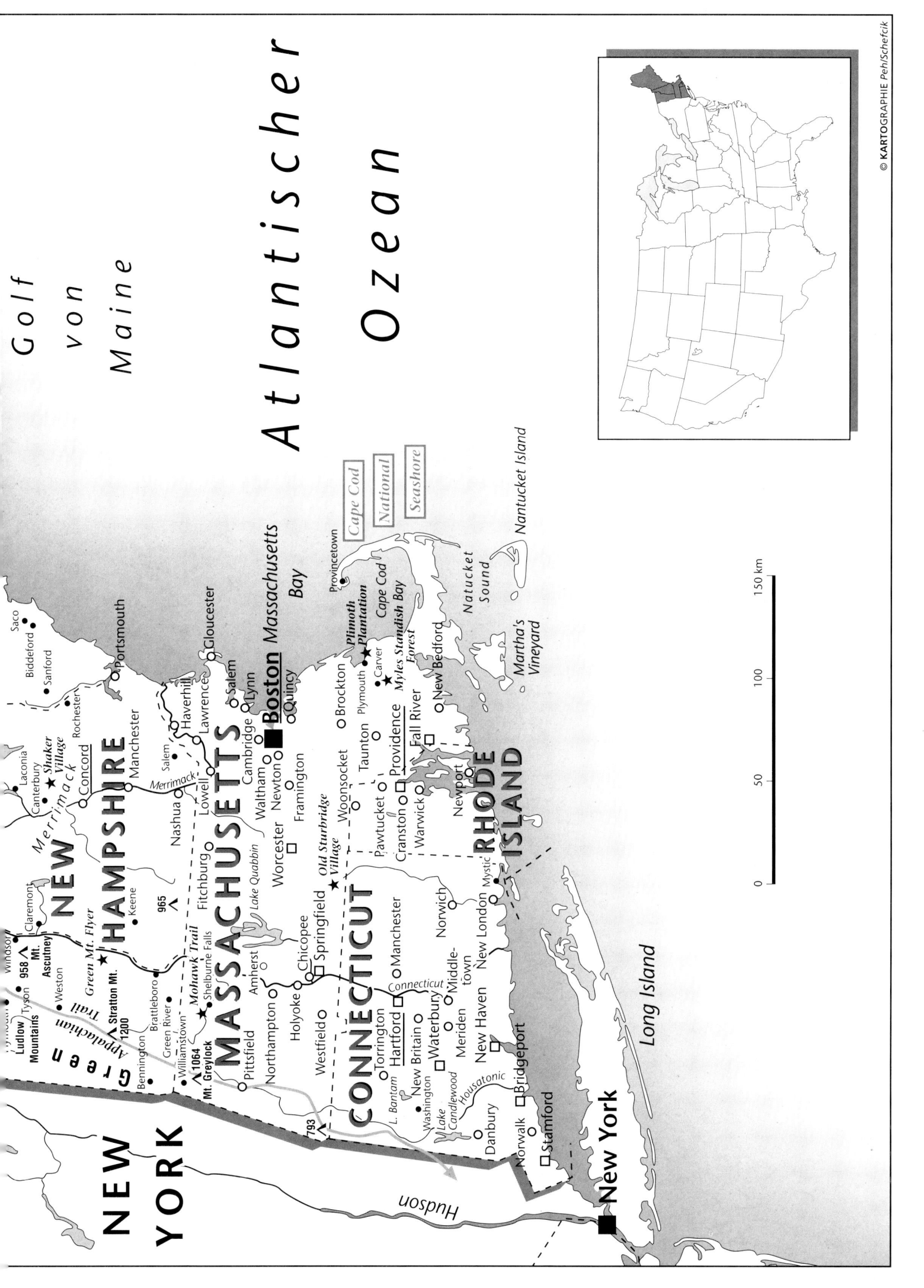

**Die schönsten Seiten der Welt
in jedem terra magica Groß-Farbbildband**

Max Schmid / Udo Sautter
KANADA
208 Seiten mit 100 Farbfotos auf
118 Farbbildseiten. 34 historische
SW-Abb. Linson.
Großformat
ISBN 3-7243-0298-3

Max Schmid / Rainer Höh
NEUENGLAND (USA)
200 Seiten mit 164 Farbf. auf 110
Farbbilds., 12 SW-Abb., Karte, Linson.
Großformat
ISBN 3-7243-0316-5

C. Bette-Wenngatz / O. Baumli
**SÜDFRANKREICH mit
CÔTE D'AZUR und Monaco**
168 S. mit ca. 140 Farbfotos auf
86 Farbbilds., 20 SW-Abb. Karte. Linson.
Großformat
ISBN 3-7243-0311-4

Max Schmid / Ulrich Sacker
KALIFORNIEN
200 Seiten mit 173 Farbfotos auf 110
Farbbildseiten, 10 SW-Abb. Linson.
Großformat
ISBN 3-7243-0304-1

Kenneth McKenney / div. Fotografen
MEXIKO
288 Seiten mit 283 Farbfotos auf 208
Farbbilds. 17 SW-Abb., Karte. Linson.
Großformat
ISBN 3-7243-0301-7

A. Rabinovich, div. Fotografen
ISRAEL Land der Verheißung
280 Seiten mit 202 Farbfotos auf
190 Farbbildseiten, 47 SW-Abb.
Karte. Linson.
Großformat
ISBN 3-7243-0308-4

Leoš Nebor / Bedrich Rohan
PRAG
168 Seiten mit 102 Farbfotos auf
86 Farbbildseiten. 23 SW-Abb.,
Linson.
Großformat
ISBN 3-7243-0297-5

Christian Prager / Peter Höh
**KARIBIK
Große und Kleine Antillen**
168 Seiten mit 153 Farbf. auf 86
Farbbilds., 20 SW-Abb., Karte. Linson.
Großformat
ISBN 3-7243-0310-6

Rosanna Kelly / div. Fotografen
RUSSLAND
288 Seiten mit 212 Farbfotos
auf 208 Farbbildseiten. 14 SW-Abb.
Großformat
ISBN 3-7243-0300-9

Max Schmid / Bedrich Rohan
ENGLAND WALES
192 Seiten mit 145 Farbfotos auf 102
Farbbildseiten. 17 SW-Abb. Linson.
Großformat
ISBN 3-7243-0307-6

Robert Fleck / Christian Prager
PARIS – Die sinnliche Weltstadt
168 Seiten mit 143 Farbfotos auf
86 Farbbildseiten. 44 hist. SW-Abb.
im Text. Linson.
Großformat
ISBN 3-7243-0307-6

Max Schmid / Bedrich Rohan
LONDON
168 Seiten mit 125 Farbfotos auf
86 Farbbildseiten. 31 historische
SW-Abb. Linson.
Großformat
ISBN 3-7243-0296-7

Die terra magica Weltreise geht weiter … in Ihrer Buchhandlung!

terra magica Weltreisen: für Leute, die hinfahren, und für interessierte Daheimbleibende

Hans-Joachim Matussek
SÜDSEE Fidschi Frz.-Polynesien, Tahiti, Samoa, Tonga
200 Seiten mit 165 Farbfotos auf 110 Farbbildseiten. Linson.
Großformat
ISBN 3-7243-0275-4

Matthias Witzel / Hua Pan-Witzel
PEKING
160 Seiten mit 152 Farbf. auf 86 Farbbilds., 35 SW-Abb., Karten, Linson
Großformat
ISBN 3-7243-0315-7

Max Schmid / Bedrich Rohan
SCHOTTLAND
200 Seiten mit 172 Farbfotos auf 110 Farbbilds. 30 SW-Abb. Linson.
Großformat
ISBN 3-7243-0305-X

G. A. Rossi / G. Caselli
ÄGYPTEN
280 Seiten mit 190 Farbfotos auf 200 Farbbildseiten und 25 SW-Abb. im Text. Linson.
Großformat
ISBN 3-7243-0292-4

Alexander Nadler
HONGKONG mit Macao
200 Seiten mit 164 Farbfotos, auf 110 Farbbildseiten. Linson.
Großformat
ISBN 3-7243-0252-5

Annaliese Wulf / Gerard Saitner
VIETNAM
200 Seiten mit 200 Farbfotos auf 110 Farbbildseiten. 15 SW-Abb. Karte. Linson.
Großformat
ISBN 3-7243-0314-9

Einheimische Autoren
CHINA Reich der Mitte – Wiege der Weisheit
288 Seiten mit 192 Farbfotos auf 208 Farbbildseiten. 32 SW-Abb.
Großformat
ISBN 3-7243-0306-8

Kenneth McKenney
AUSTRALIEN
288 Seiten mit 240 Farbfotos auf 200 Farbbildseiten. 23 SW-Abb. Linson.
Großformat
ISBN 3-7243-0299-1

Heidi Munan / C. Prager
MALAYSIA und SINGAPUR
200 Seiten mit 197 Farbfotos auf 110 Farbbildseiten. Karte. Linson.
Großformat
ISBN 3-7243-0313-0

Max Schmid / Roman Schatz
FINNLAND
184 Seiten mit 130 Farbfotos auf 96 Farbbildseiten, 22 SW-Abb. Linson.
Großformat
ISBN 3-7243-0295-9

Johannes Kautzky / Pavlos Tzermias
GRIECHENLAND Festland
200 Seiten mit 133 Farbfotos auf 110 Farbbildseiten. 58 SW-Abb. Linson.
Großformat
ISBN 3-7243-0291-6

HIMALAYA
Tibet Bhutan Ladakh Nepal Sikkim Nordindien Kaschmir
288 Seiten mit 230 Farbf. auf 208 Farbbilds., 11 SW-Abb., Karten, Linson.
Großformat
ISBN 3-7243-0317-3

terra magica Das grenzenlose Programm.

Reise-Informationen Neuengland

Infos in Europa
Discover New England, c/o Herzog HC, Borsigallee 17, 60388 Frankfurt
Tel. 0 69-42 08 90 89, Fax 0 69-41 25 25

Infos in Neu-England
Discover New England, C-3A Heritage Place, Worcester Court, Falmouth MA 02540
Tel. 0 01-50 85 40 81 95, Fax 0 01-50 85 40 81 69

Zimmerreservierung
Destinations New England, P.O. Box 1173, 15-C West Bay Road, Osterville, Cape Cod, MA 02655-1076, Fax 001-508-420-0565

Wohnmobil-Vermietung
AAA Wickers, 236 Boston St., Topsfield, MA 01983, Fax 001-508-887-0170

Geld
Etwas Bargeld in US-Dollar sollte man bereits bei der Einreise in der Tasche haben. Ausländische Währungen – auch D-Mark und Schweizer Franken – werden von vielen Banken in den USA nicht ohne weiteres umgetauscht. Hingegen werden Kreditkarten – besonders MasterCard und Visa – sehr verbreitet akzeptiert, und mit Dollar-Reiseschecks kann man vielerorts bezahlen wie mit Bargeld.

Trinkgeld
In den USA verdienen Kellner, Bartender und andere Dienstleistungsberufe ihren Lebensunterhalt durch Trinkgeld. Es ist daher meist keine zusätzliche Anerkennung, wie bei uns, sondern wird erwartet. Im Restaurant sind 15–20% des Nettobetrages üblich, die man nach dem Bezahlen der Rechnung auf den Tisch legt oder beim Bezahlen mit Kreditkarte in die eigens dafür vorgesehene Spalte einträgt. An der Bar läßt man etwas Kleingeld auf dem Tresen liegen. Der Zimmerservice im Hotel erhält gewöhnlich $ 2 pro Tag, der Hotelangestellte, der Ihre Koffer aufs Zimmer bringt, bekommt $ 1–2 pro Gepäckstück. Taxifahrer erwarten 10–20% des Fahrpreises.

Alkohol
In den meisten Bundesstaaten der USA ist es verboten, in der Öffentlichkeit Alkohol zu trinken, d.h. außerhalb eines Lokals mit Alkohollizenz. Wer auf der Straße eine offene Flasche in der Hand hält, muß mit einer empfindlichen Geldbuße rechnen. Auch im Auto darf keine angebrochene Flasche transportiert werden – es sei denn im Kofferraum. Alkohol am Steuer ist natürlich ebenfalls verboten.

Reisezeit
Neuengland hat einen langen, harten und schneereichen Winter. Das Frühjahr beginnt etwas später als in Mitteleuropa. April ist die «mud season», Ende Mai/Anfang Juni kommen die lästigen Black Flies. Saisonbeginn ist Memorial Day, der letzte Montag im Mai; viele Touristenattraktionen öffnen dann erst ihre Pforten. Die Foliage Season (Indian Summer) mit der prachtvollen Laubverfärbung beginnt Ende September bis Mitte Oktober. Dann sind in den entsprechenden Regionen alle Zimmer ausgebucht und die Preise am höchsten. Telefonische Informationsdienste, sogenannte «Foliage Hotlines» halten die «Leaf-Peeper» auf dem aktuellen Stand, wo die Laubverfärbung gerade ihren Höhepunkt erreicht. Fällt das Laub, dann ist die Saison vorüber.

von oben nach unten:
– Einst Sägewerk, jetzt Museum. Weston, Vermont
– Moosbeerenernte bei South Carver, Massachusetts
– Sie fährt nicht mehr weit, aber sie funktioniert. Bei Lincoln, New Hampshire
– Gut gegen Böse! Skulptur in Blech (Maine)
– Privates zerfällt auch ohne Eindringlinge. Stonigton, Maine
– Eine von vielen Hummersiedereien an Maines Küste
– Typisches altes Haus bei Salem, Massachusetts
– Sammeln von Meeresfrüchten, Cape Cod, Massachusetts

nächste Doppelseite: Vegetationsinseln auf eisgeschliffenem Granit im Acadia-Nationalpark, Maine